カジノ列島ニッポン

高野真吾
Takano Shingo

はじめに　コロナ禍を経て再始動へ

年間二〇〇〇万人を集める新施設とは

二〇三X年の平日の昼下がり。今よりもさらに普及したＡＩ（人工知能）アナウンサーが、こんな原稿を読み上げているかもしれない。

「次のニュースです。大阪に誕生して開業三年目を迎えた新施設が人気となり、関東の人気テーマパーク『東京ディズニーランド』並みの来訪者を集めていることが発表されました」

本書を手にしている方だと、この「新施設」が統合型リゾート（ＩＲ＝Integrated Resort）を指すと、勘が働いたかもしれない。ホテルや会議場・展示場、劇場などさまざまな施設から構成される。なかでも注目されるのが「カジノ」だ。通常メディアは「カジノを含む統合型リゾート（ＩＲ）」と記述する。

政府は二〇二三年四月、大阪府・大阪市（以後、「府市」と表記）が申請したＩＲについての整備計画を認定した。その前年の二〇二二年四月に府市とＩＲを運営する事業者となる「大阪ＩＲ株式会社」がまとめた「大阪・夢洲（ゆめしま）地区特定複合観光施設区域の整備に関する計画」（二〇二三年九月と二〇二四年四月に一部修正）をめくってみる。その中で「ＩＲ区域への来訪者数（開業三年目期）」については、「国内旅行者数で約一三五八万人、訪日外国人旅行者数で約六二九万人の合計約一九八七万人を見込む」とある。大阪ＩＲの開業は、二〇三〇年秋頃を目指している。開業三年目は、二〇三二年秋になりそうだ。

比較対象とした、「東京ディズニーランド」（ＴＤＬ）の来訪者数は「TEA/AECOM 2019 Theme Index and Museum Index」を参照した。新型コロナウイルス感染症の流行が始まる直前の二〇一九年データだと、一七九一万人。ちなみに大阪にある「ユニバーサル・スタジオ・ジャパン」（ＵＳＪ）は、一四五〇万人となっている。

ＩＲは、今の日本にはない。「ＩＲとは何か？」の説明は第二章「海外から探るＩＲの真の姿」で、大阪ＩＲの詳細は第三章「先行地・大阪の計画とは」で解説していく。それを読むまでは、多くの方はＩＲについて漠としたイメージを抱いているに過ぎないだろう。

現時点では、それで構わない。ここでは、計画通りに完成し、狙い通りに運営される時、IRがTDL並みに人を吸い寄せる施設となることを踏まえたい。

そこにはギャンブルを行うカジノも併設される。TDLという「夢の国」への訪問者は、トラブルさえなければ、全員が楽しく満足した時間を過ごして帰れる。しかし、カジノで遊んだ多くの人は負ける。ギャンブル依存症や治安・風紀の乱れも指摘されている。単なる来訪者数以上に日本社会に大きなインパクトを与える施設になりうる。

コロナに振り回される

二〇二〇年はじめから約三年間、日本社会を大混乱に陥れた新型コロナウイルスは、IR計画も大きく振り回した。大阪IRでは、日本MGMリゾーツとオリックスがIR運営を担う中核企業となる。その日本MGMリゾーツの親会社である米国「MGMリゾーツ・インターナショナル」(以後、MGM社)の決算をチェックしてみよう。同社は米ラスベガスやマカオでカジノつきホテルを運営している。コロナの影響で、カジノが一時閉鎖に追い込まれたことを直接反映する数字が出てくる。二〇二〇年一~三月期の売上高は、前年同期比二九％減の二三億ドル（約二四七三億円）。続く二〇二〇年四～六月期の売上高はさらに悪化し、同九一％減の二・九億ドル（約三一二億円）だった。前年同期比でたった九％の売上しかないというのは、まさに壊滅的だ。

ＩＲ開業に向けた手続き面でも遅れが出た。ＩＲを誘致したい自治体は、ＩＲ事業者を選んだ後、国に申請する。二〇二〇年一〇月、国土交通省は申請期間を二〇二一年一〇月～二二年四月へと延期した。それまでは二〇二一年一～七月までだったのが、九カ月先延ばしになった。

コロナ下では海外への渡航・入国が制限されたことから、誘致を目指す自治体と海外のＩＲ事業者とのやり取りが難しくなった。オンラインでの会議や打ち合わせは普及したが、リアルな対面の場を持てないと進めにくいプロジェクトもある。国内への導入が初ケースとなるＩＲ事業は、まさにこれに当てはまった。

当時、ＩＲ誘致に名乗りを上げていた横浜市では、賛成派、反対派が共に驚く事態が起きた。二〇二〇年五月、横浜ＩＲを担う最有力と目されてきた米国のＩＲ大手「ラスベガス・サンズ」（以後、サンズ社）が撤退を表明した。同市は二〇一九年、ＩＲ区域を整備する意思を持つ国内外の事業者からコンセプト提案を募集している。ＲＦＣ（Request for Concept）と呼ばれる手続きだ。同年一二月、同市はＲＦＣに七事業者から提案があったことを明らかにしている。事業者名までは公表しなかったが、サンズ社が含まれていることは当然視されていた。

サンズ社の日本撤退が注目を集めたのは、同社が単にＩＲ事業者の一社にとどまらない位置づけにあったからだ。国内へのＩＲ導入の議論で、サンズ社はＩＲ事業者の代表と位置づけられてきた。その発端は二〇一四年までさかのぼる。

安倍氏が訪問したのは

「統合型リゾートは日本の成長戦略の目玉になる」

二〇一四年五月三〇日午後、シンガポールのＩＲ施設の視察を終えた首相・安倍晋三氏は同行記者団に、こう語った。アジア安全保障会議に出席するために同国を訪問した安倍氏が、真っ先に向かったのは、ＩＲ施設「マリーナベイ・サンズ」（ＭＢＳ）。屋上にプールがある豪華な高層ホテルは、シンガポールの象徴になっている。同国の観光客増加に寄与した「都市型ＩＲの成功例」として、日本でＩＲに関する説明会が開かれる時、必ずと言っていいほど紹介されてきた。

サンズとの名前から連想しやすいように、このＭＢＳを運営しているのが先に触れたサンズ社だ。同社が新型コロナウイルスの影響を受ける前の二〇二〇年一月に発表した二〇一九年通年の連結純収益は一三七億四〇〇〇万ドル（約一兆五〇一六億円）、純利益は三三億ドル（約三六〇七億円）。決算を伝えるサイトではこれらの数字を誇り、「日本を含む新しい市場での開発機会も積極的に追求しています」（会長兼ＣＥＯのシェルドン・Ｇ・アデルソン氏）とのコメントを付した。

ところが、三カ月後の二〇二〇年四月に発表した同年一～三月期決算は、目を覆いたくなる内容だった。先に紹介したＭＧＭ社と同じく、コロナで大打撃を受けた。純収益は前年同期比五一・一％減の一七億八〇〇〇万ドル（約一九一四億円）、営業利益は同九四・三％減の五五〇〇万ドル（約五九億円）、純損益が五一〇〇万ドル（約五五億円）の赤字だった。この赤字決算を発表した三週間後の二〇二〇年五月一二日、サンズ社は日本撤退を表明した。

同じく日本国内の観光業も、コロナ禍で大いに苦しんだ。政府は国内観光においては、「Ｇｏ Ｔｏトラベル事業」などの対策を立てた。しかし、インバウンド需要をもたらす訪日外国人の減少に対しては、打つ手はほぼなかった。

訪日外客数の推移を、日本政府観光局（ＪＮＴＯ）のデータで見てみよう。

約三一八八万人（二〇一九年）→約四一二万人（二〇二〇年）→約二五万人（二〇二一年）

コロナ前の二〇一九年とコロナ二年目の二〇二一年を比べると、九九％以上の減少だ。

当時、インバウンド需要が「蒸発」したと言われたが、この数字がそれを示している。

ようやく明るくなってきたのは、二〇二三年になってから。例えば同年六月の訪日外客数は、二〇一九年同月比で七二％となる約二〇七万人。ＪＮＴＯによると、「新型コロナウイルス感染症の拡大により訪日外客数が大幅に減少した二〇二〇年二月以降、初めて二〇〇万人を突破した」。僕はこの数字を肌感覚でも納得する。生活圏としている東京都内では二〇二三年に入ってから、家族連れや若いバックパッカーの訪日外国人を目にする機会が増えた。

政府は二〇三〇年に訪日外客数を六〇〇〇万人とする目標を掲げている。先に引用したように大阪ＩＲの計画では、開業三年目の外国人旅行者を約六二九万人と想定。「政府の観光戦略の目標達成への貢献が見込まれる」とも記している。

新型コロナウイルスの感染症法上の位置づけが季節性インフルエンザと同じ「五類」に移行したのは、二〇二三年五月だった。このしばらく前に政府方針が伝えられると、世の中には「アフターコロナ」の空気が流れた。コロナ前から動いていたＩＲ関係者が再びＩＲの動向を気にし始めたタイミングと重なる同年四月、政府は大阪ＩＲを認可した。

菅氏へのきつい一言

その二年半ほど前となる二〇二〇年九月二日、官房長官の菅義偉（すがよしひで）氏は自民党総裁選への出馬会見を開いた。出れば他の候補者二氏を制して総裁になり、首相への道が開かれることが確実視されていた。最有力候補の会見だけに大勢の記者やカメラマンが詰めかけた。

冒頭、菅氏は自らの「原点」を語った。「雪深い秋田の農家の長男」に生まれ、横浜市議を経て、衆院議員になったことなどだ。その後、記者との質疑応答に移った。

開始から三七分過ぎだった。司会が「お時間の関係」として、会見を終える旨を伝えると、にわかに場が荒れ始めた。「フリーランスにも質問させてください」「こんな会見、出来レースじゃないですか」。こうした言葉に続き、ある記者が菅氏にきつい一言を発した。

「菅さん、横浜をカジノ業者に売り渡すんですか」

紺色スーツに青いネクタイ姿だった菅氏は一瞬、発言をした記者のほうを向いたが、質問に答えることはなかった。

安倍氏が二〇一四年五月、ＩＲを「成長戦略の目玉になる」と評したことは先に紹介した。その安倍政権のもとで、ＩＲを推進・整備する法律ができ、自治体による誘致合戦も始まった。この間、菅氏は官房長官として政権の屋台骨を担ってきた。

菅氏によるこの日の出馬会見は、首相就任に向けたハレの舞台だ。菅氏自身もそう考えるからこそ、原点を語ったと推測する。しかし、その場で「横浜をカジノ業者に売り渡すのか」と言われてしまう。カジノに対し、多くの国民が厳しい目を向けていることは、各種法制度を整備する前から菅氏も分かっていたはずだ。安倍氏がシンガポールを訪問してから菅氏の出馬会見までは、実に六年もの月日があった。この間、菅氏に代表されるＩＲ推進派がより丁寧な議論を心がけていたならば、あのきつい一言が記者から発せられることはなかったかもしれない。

ＩＲを追う意義

後ほど詳述するシンガポールは、ギャンブル依存症などのカジノリスクを最小化し、ＩＲのプラス効果を最大限に引き出しているとされる。日本が同じような仕組みを構築できれば、ＩＲは安倍氏が語ったように「日本の成長戦略の目玉」になるかもしれない。

大阪ＩＲは、初期投資額として約一兆二六八九億円を予定。年間売上高はカジノから約四二〇〇億円、その他から約一〇〇〇億円の合計約五二〇〇億円を見込む。新しもの好きとされる日本人は、斬新な建物群をInstagramにアップしようと大挙するに違いない。併設される劇場やホールで上演される各種エンターテインメントは、ハイレベルなものになるだろう。さらに国際会議や国際展示会などの賑わいも見込める。

他方、その華やかさを支えるのはカジノだという現実も待つ。立派な建物を設け、お金のかかる大規模展示場などを維持できるのは、カジノから莫大な収益が上がるから。カジノの収益とは、つまりは客の負け。ギャンブル依存症への対策が打たれたとしても、ゼロにはできまい。カジノで全財産をなくした、莫大な借金を背負ったという悲劇が生まれる。それでも経済効果が上がれば、大阪ＩＲは「成功」と宣伝されよう。すると「東京カジノ」への機運や、市長交代で頓挫した横浜への誘致復活の話が動き出すかもしれない。大阪の一カ所のみが開業に向けて突き進む二〇二四年の今こそ、このカジノ・ＩＲの準備状況や歴史的経緯を今一度、押さえておく好機だ。そして市民は、政府や自治体に対して状況に応じて声を上げ、なし崩し的に進められないようチェックすべきだ。これは何も具体的な計画が進む、大阪だけに必要とされているわけではない。

僕はここ数年来、所属企業とは無関係の一個人の活動として賛否両派を取材し、各種の関連資料に当たってきた。幸いこれまでに世に出ていない切り口を含む内容を提示できる成果が溜（た）まってきた。さらに私的旅行の際、マカオ・韓国・ベトナムで少なくとも十数回、現地のカジノに出入りした経験もある（賭け金は、微々たるものだが）。

それらを元に、皆様にカジノ・ＩＲをめぐる「リアルニュース」をこの書籍で伝えたい。なお特段の記載がない限り、肩書きは取材当時のもので表記し、外貨の日本円換算は当時のレートで行った。

カジノを含む統合型リゾート（ＩＲ）をめぐる主な動き

一九九九年　四月	石原慎太郎氏が東京都知事に初当選。「お台場カジノ構想」を提唱
二〇〇二年一二月	自民党の国会議員有志によるカジノ議員連盟が発足
二〇一〇年　四月	超党派による「国際観光産業振興議員連盟」（ＩＲ議連）が発足
二〇一一年　八月	ＩＲ議連が議員立法による「特定複合観光施設区域の整備の推進に関する法律案」（ＩＲ推進法案）を公表
二〇一三年一二月	自民党、日本維新の会などがＩＲ推進法案を衆議院に提出
二〇一四年　五月	首相・安倍晋三氏がシンガポールのＩＲ施設を視察
二〇一五年　四月	自民党、維新の党などがＩＲ推進法案を再度衆議院に提出
二〇一六年一二月	ＩＲ推進法が成立
二〇一七年　四月	政府の特定複合観光施設区域整備推進会議（ＩＲ推進会議）が初会合
同年　七月	ＩＲ推進会議が「『観光先進国』の実現に向けて」を取りまとめる
二〇一八年　七月	「ギャンブル等依存症対策基本法」が成立

同年　七月	「特定複合観光施設区域整備法」（ＩＲ整備法）が成立
二〇一九年　三月	「特定複合観光施設区域整備法施行令」（ＩＲ整備法施行令）を閣議決定
同年　四月	「ギャンブル等依存症対策推進基本計画」を閣議決定
同年一二月	東京地検特捜部が元内閣府副大臣でＩＲ担当だった秋元司・衆院議員を収賄容疑で逮捕
二〇二〇年　一月	ＩＲ事業者にカジノ免許を与える権限などを持つ「カジノ管理委員会」が発足
二〇二一年　八月	横浜市長選で「ＩＲ誘致反対」を掲げる山中竹春氏が当選
二〇二二年　四月	大阪府と大阪市（大阪府市）と長崎県が整備計画の認定を国に申請 和歌山県議会がＩＲ整備計画の国への申請案を否決
二〇二三年　四月	大阪府市の整備計画を国が認定
同年　九月	大阪府市とＩＲ事業者「大阪ＩＲ株式会社」が実施協定を締結
同年一二月	大阪ＩＲの建設予定地で液状化対策工事が始まる（四日） 長崎ＩＲの整備計画について国が不認定（二七日）
二〇三〇年　秋？	大阪のＩＲがオープン

目次

はじめに　コロナ禍を経て再始動へ —— 3
年間二〇〇〇万人を集める新施設とは
コロナに振り回される
安倍氏が訪問したのは
菅氏へのきつい一言
IRを追う意義
カジノを含む統合型リゾート（IR）をめぐる主な動き —— 14
第一章　消えぬ「東京カジノ構想」の現場を歩く —— 23
ルポ・東京カジノ予定地
「本決まりの場所」とは

三年ぶりに現場を歩いた
根拠の元のイメージ図は
年間三〇〇〇万人が来場？
小池知事の発言は
江東区の状況は
東京ＩＲは東京ドーム跡に？

第二章　海外から探るＩＲの真の姿

ＩＲは「Integrated Resort」
「ＳＭＡＰ」出演ＣＭの舞台に
もう一つのリゾート型ＩＲとは
日本型ＩＲとは
謎の女性たちの写真
闊歩する女性たち

オンラインカジノの台頭
ラスベガスのカジノディーラーの異論
マカオのジャンケット

第三章　先行地・大阪の計画とは —— 83

ついに出た整備計画の認定
オリックスも中核企業の一つ
多額の納入金・納付金
コンセプトは「結びの水都」
カジノは東南側エリアに
審査委員会の評価は？
付された七つの条件
ルポ・夢洲
汚水処理の現場も

夢洲は「毒饅頭がいっぱい」
「お台場カジノ」からの関係者の心配とは
いまだ現役のスロットマシン
ラスベガスへ進出
哲人経営者の思い切った一手
カジノ経営から撤退

第四章　不認定の長崎、こけた和歌山・横浜 ―― 125

長崎県知事は「極めて遺憾」
長崎ＩＲ計画とは
和歌山のＩＲ計画
「誘致に動きたくなる地」を歩く
市長選で決着した横浜
盛り上がりに欠ける印象

反カジノのうねり

第五章　ギャンブル依存症をどう捉えるか ―― 153

大谷選手の通訳も
ツイッタードラマ
統計データはどう示す
ギャンブル等依存症対策基本法
治療に公的保険適用
大阪ＩＲが取る対策は
ＭＧＭ社の海外での取り組みは
シンガポールの対策は
韓国の「江原ランド」
ハウス・エッジを知る
専門家からの警鐘

「犯罪に手を染めるケースが増えた」

第六章　国際観光拠点VS地域崩壊 ———— 188

維新の選挙での訴え方は？
非維新の訴え方は？
共産推薦候補の主張
市長選の非維新候補は？
選挙結果は非維新の惨敗
盤石な維新のもとで
大阪ＩＲの今後は？
こぼれ落ちるものはないか
「抵抗の牙」を持たないと

おわりに 「何を大切にしたいのか」という問い ―― 218
闇カジノへの入店記
人気だったルーレット
深みにハマったK君
横浜の反省の弁
賛否両派は対話を
何を大切にしたいのか

参考文献 ―― 232

図版作成/MOTHER

第一章　消えぬ「東京カジノ構想」の現場を歩く

ルポ・東京カジノ予定地

「ご存じの通りに昨年四月、国で（カジノを含む統合型リゾート「ＩＲ」を）三カ所まで認めるということで国交省が募集して、大阪と長崎が応募した。本命だった横浜が選挙戦で、（ＩＲ推進派の候補が）負けて降りた。そういうことで穴が一つ空いているんですよ」

「カジノは大都市が儲かるんですよ、お客さんがいっぱい来るから。それは横浜も一緒だけど。だから首都圏にないと。大阪もいろいろと問題になったけど、認められた。（中略）それで、いよいよ東京が狙われるのではないか」

二〇二三年一〇月下旬の土曜日、僕はこう危機感を示す「臨海部開発問題を考える都民連絡会」（臨海都民連）の世話人・関口偵雄さんの話を聞いていた。周囲には他に二十数人。パッと見たところ四〇代は僕のみで、皆さん人生の先輩方のようだ。関口さんの話に熱心に耳を傾け、時に「えー」とか「そう」と相づちを入れている。

一行は臨海都民連が主催した「臨海部見学バスツアー」の参加者だ。臨海都民連は一九八九年、東京都の臨海副都心開発に反対する三五団体で発足した。労組員、学者、弁護士、一般市民などがメンバー。臨海部を都民のために活用する提案をしたり、築地市場の豊洲移転に反対したりしてきた。同ツアーは定期的に実施していたが、二〇二〇年から拡大化した新型コロナウイルスの影響で一時中断となる。三年半ぶりに実施したこの時、僕も加わった。

東京メトロと新交通「ゆりかもめ」が接続する豊洲駅（江東区豊洲）に集合し、バスに乗車。二〇二一年に開かれた東京五輪・パラリンピックの選手村として一時使われた、民間開発の大規模マンションの街「晴海フラッグ」（中央区晴海）を経由し、「東京国際クルーズターミナル」（江東区青海）に向かう。冒頭で記した関口さんの言葉は、三〇分ほどかけた同ターミナルの見学が終わり、バスに再乗車するまでの間に発せられた。

その名の通り同ターミナルは、クルーズ客船を迎える目的で、二〇二〇年九月にオープンした。地上四階建ての建物はガラスが多く使われ、開放感がある。税関（Customs）、出入国管理（Immigration）、検疫（Quarantine）が揃った「ＣＩＱ検査スペース」を持つ。クルーズ船から下船した観光客を、ここから陸地へ送り出せる。岸壁の長さは四三〇メートル、幅三〇メートル、水深一一・五メートル。クルーズ船の大型化に対応できるようにと東京都が整備し、費用は三九〇億円と報じられている。

大型クルーズ船の多くは、その船内にカジノを抱える。長旅を飽きさせない設備の一つだ。そして、富裕層や高所得層が乗船していることが多い。東京カジノの本命と見なされている青海地区北側エリアは、東京国際クルーズターミナルから徒歩一〇分程度。シャトルバスを出したら、ものの数分の距離だ。そのため、同ターミナルは構想段階から、「クルーズ船の客を東京カジノへ送り出す目的もあるのではないか」と言われてきた。

臨海都民連の関口さんが「東京カジノ」構想に触れたのには、こうした背景がある。

「本決まりの場所」とは

関口さんの話を聞いた後、一行はバスに乗り込んだ。そして、東京国際クルーズターミナルを出発して二分も走らないうちに、また止まった。その場所は、新交通「ゆりかもめ」の東京国際クルーズターミナル駅近く。青海地区は埋め立て地のため、ほぼ真っ平ら。自然の丘はなく、遠景を見渡せる場所は限られている。

「ゆりかもめ」の駅は地上から高さがあるため、格好の撮影ポイントとなる。希望者のみ下車し、同駅への階段を上がる。到着すると付近が一望できた。奥にはフジテレビ本社ビルとシティリゾートホテル「グランドニッコー東京 台場」が見えたが、その手前はだだっ広い臨時駐車場。バスや乗用車はぽつぽつ停(と)まっているが、土曜日の昼間の割には空きスペースが目立つ。

ツアーメンバーの女性が、臨海都民連の世話人・矢野政昭(まさあき)さんと関口さんに話しかけた。

女性「ここがカジノに？」

矢野さん「そう。我々がそうにらんでいる場所」

臨海都民連らが「東京カジノ」建設予定地と推定する場所。現在は臨時駐車場になっている。正面奥にはフジテレビ本社ビル、左奥には「グランドニッコー東京 台場」がある。2023年10月、筆者撮影

関口さん「（駅横にある）『船の科学館』も、壊すんじゃないかと。今日、皆さんに配った資料の絵だと、ここが今いる駅で、ここが目の前の臨時駐車場。一つの案だけど」

矢野さん「案と言っても、カジノをやるとすれば、場所はここでほとんど本決まり。他には場所がないのだから」

女性は矢野さん、関口さんの話に熱心に耳を傾けていた。バスを路上で待たせているため、ゆっくりとできず、足早に戻る。

この後、昼休憩となったタイミングで、矢野さんにインタビューした。実は、矢野さんにお目にかかるのは今回で二回目。初回はコロナ下だった二〇二〇年一〇月中旬の日曜日で、青海地区を共に歩きながら「東京カジ

ノ」構想を説明してくれた。その時から、ちょうど三年の月日が経(た)っている。

――この三年で大阪ＩＲは政府の認可を得て、開業に向けて具体的に動き始めました。

「私が世話人を務める臨海都民連はこうしてバスツアーを開くなど東京カジノに警戒しているけど、そういう人は少ないでしょ。結局、東京都は『メリット・デメリットを総合的に判断する』と言い続けて、はっきりさせない。私らは年一回以上、都と交渉している。すると部長でも課長でもみんな同じ言い方だよ。やるとも言わないし、やらないとも言わない。

コロナ下では未執行の年もあったけど、都はカジノ・ＩＲの委託調査費を毎年、要求している。それでもテレビも新聞も取り上げない。だから多くの人には知られない」

――皆に知られていない分、矢野さんたちは警戒していると？

「東京は人口が多いし、金持ちも多いから、カジノを造るには絶好の場所。都はじっと様子をうかがっているけど、決まってからは電光石火だよ。今の役所は、仕事を民間委託するけど、その民間の仕事は速い。運動団体は、ぼーっとしていちゃダメ。組織をつくって、反対する準備をしていかないと」

取材時に八四歳となっていた矢野さんは、元都の港湾局職員。一九五九年に入庁し、二〇〇〇年に辞めるまでの間、各地で公園づくりを手掛ける機会が多かった。「都民のため」を強く意識して仕事をしてきた延長で、東京カジノは受け入れられないとの立場を取る。

矢野さんは二〇二〇年一〇月の時、「都は何をやるにしても潜って巧妙。内堀も外堀も埋めた頃にバンと出してくる」と語っていた。都の職員として四一年もの経験があるから、手の内を分かっている。そして、「それと比べると横浜は正直だ」と評していた。

当時、IR誘致を目指していた横浜では、反対運動が盛んだった。第四章で記すように、横浜はIR反対派の新市長が二〇二一年八月の選挙で誕生し、誘致レースから離脱する。この現実は、矢野さんの言葉を余計に重く響かせる。「由(よ)らしむべし知らしむべからず」とは、為政者は人民を従わせればよく、道理を分からせる必要はないとの意味で使われる。都にこうした考えがないと信じたいが、矢野さんの警戒心は決して行き過ぎとは言えまい。

「カジノ・IRの委託調査費」についても触れておく。僕はこの日、「様々なフリーランスによる取材・制作」でつくられた約一一分半のDVD資料を手に入れた。タイトルは「カジノ〝本命〟は東京?」だ。

女性の声で、東京カジノ構想への説明が進む。その中盤に「カジノ・IRに関する東京都港湾局の委託調査費」の一覧が出てくる。それによると、二〇一四年度〜一九年度までに約三五一五万円を執行した。さらに臨海都民連によると、二〇二〇年度〜二三年度の四年間それぞれ一〇〇〇万円分ずつの予算は未執行となっている。

三年ぶりに現場を歩いた

参加した臨海都民連のバスツアーは、午後にも五輪関連施設の「海の森水上競技場」などを回ることになっていた。矢野さん、関口さんの説明つきでもあり同行したかったが、この書籍の取材を優先する。三年ぶりに青海地区を歩いた。

DVD資料「カジノ〝本命〟は東京?」によると、臨海都民連が「東京カジノ」予定地と推定するのは、左図の斜線部分。東京都港湾局は、ここを反時計回りに青海地区「P区画」「NO区画」「R区画」としている。現在、一帯はシンボルプロムナード公園となって

臨海都民連によると、斜線部分が「東京カジノ」予定地。DVD「カジノ“本命”は東京?」を元に作成

いる。この三区画の中央部分にあるセントラル広場を、まずは目指した。土曜の昼間のため、結構な数の家族連れ、カップル、外国人観光客らがいた。高さ約二七メートルもあり、金色で目立つ「自由の炎」像も健在だった。

なかでも写真スポットとして人気となっていたのが、実物大ユニコーンガンダム立像だ。青海地区「Q区画」にあたる複合商業施設ダイバーシティ東京 プラザ前に置かれている。白を基調とした高さ約二〇メートルの軀体(くたい)は、やはり格好が良い。僕も子連れの外国人らに交じってスマホ写真に収めた。

前回の訪問時には、この向かいにあたる青海地区「R区画」で、青海アーバンスポーツパークが建設中だった。五輪では三×三人制バスケットボールとスポーツクライミングの会場となった。仮設会場だったことから使用後に取り壊され、面影はない。

そこから北東に足を進めると、右手には大規模複合施設パレットタウン跡地が見えてきた。かつて賑わったテーマ型ショッピングモールのヴィーナスフォートは、二〇二二年三月に閉館。名物の大観覧車も同年八月に営業を終了し、もはや人の流れはなかった。

その先にある、東京臨海高速鉄道（ＴＷＲ）りんかい線の東京テレポート駅（江東区青海一丁目）までかかった時間は、一〇分ほど。同駅周辺は、歩道も車道も道幅がしっかり取られ、ある程度広い駐車場も確保してある。都心の駅前はどこもごちゃごちゃしているが、郊外の駅前のような様相だ。

バスツアーの最中に訪問した東京国際クルーズターミナル駅横にある、船の科学館の本館などは二〇二四年四月から解体工事が始まっている。老朽化が原因で、同館サイトによると「リニューアル計画の詳細は決まり次第お知らせいたします」とのことだ。

改めて現地に身を置き、矢野さんが「カジノをやるとすれば、場所はここでほとんど本決まり」と語った理由が分かった。まとまった土地がある上、大部分が公園であることから、整地して各種施設を建てやすい。東京国際クルーズターミナルによる海からのアクセスだけでなく、地上にはゆりかもめ、地下にはりんかい線が走り、車両用の道路も確保されている。さらに羽田(はねだ)空港からも車で約二〇分の距離だ。

根拠の元のイメージ図は

ここで臨海都民連が「本決まり」とする根拠を紹介しておきたい。臨海都民連は「臨海かわら版」なる、手づくり新聞を発行している。二〇〇七年四月一七日の第一〇号のメイン見出しは、「石原カジノ構想頓挫！　港湾局『カジノ用地』売り出す」だ。記事を引用する。

「東京都港湾局は、臨海副都心青海地区北側の約一二haの土地について処分する方針を決めました」「処分を決めたこの地域は、センタープロムナードとウエストプロムナードが交差する副都心広場を囲む四区画（NO、P、Q、R）」「この地域は、石原知事が『カジノ』用地として保有していたところです」

「石原知事」とは、一九九九年から二〇一二年まで東京都知事を務めた石原慎太郎氏を指す。本書の最初につけたＩＲをめぐる「主な動き」の年表は、以下から始まる。

一九九九年四月　石原慎太郎氏が東京都知事に初当選。「お台場カジノ構想」を提唱

「臨海かわら版」の記事は、これに関連している。青海地区北側の四区画のうち、Ｑ区画は売れて、先述のようにダイバーシティ東京 プラザとなった。しかし、残る三区画（ＮＯ、Ｐ、Ｒ）は売れ残り、臨時駐車場となっている。

この青海地区エリアは、石原都政時代から東京カジノの有力地としての歴史がある。

さらに注目されるのが、二〇一九年一〇月に東京都と民間の官民連携チームから出された最終提案（「『東京ベイエリアビジョン』（仮称）の検討に係る官民連携チームの提案」）だ。都は当時、湾岸地区の将来構想「東京ベイエリアビジョン」（仮称）を東京五輪・パラリンピック後に策定する方針を掲げていた。その下敷きとなる提案を行うために、同チームを二〇一八年一〇月に設置。コーディネーターは千葉大学大学院の村木美貴教授が務め、メディアアーティストの落合陽一氏らがメンバーとなった。

その最終提案書には、一一分野でアイデアが示された。例えば、三つ目に入った「シャトルフェリー、ロープウェイ」には、「将来的にリニア開通によりターミナル機能が強化される品川エリアとベイエリアをロープウェイで結ぶなど、楽しさと輸送を両立する移動手段の実現」と記載されている。

四つ目には、「MICE、IR、トランジットツーリズム」が掲げられた。「MICE、IR施設の整備」の見出しで、その場所を「東京国際クルーズターミナルが近接し、既に商業施設等も集積している青海エリア」と明記。「東京の国際競争力強化と『稼ぐ東京』のためにMICE、IR施設を整備し、国内外から人を集める」とした。そして、次の一文へとつないでいる。

「水辺や公園との一体的な整備運営、劇場等の文化交流施設の集積、日本の魅力や技術を発信するデザインミュージアム、日本の食文化を発信するフードコートなど、IRというスキームを活用するなどして、単体では収益性の低い施設の整備や大胆な空間整備などを実現」

MICE(マイス)に馴染(なじ)みがない読者のために、観光庁のサイトを参照する。Mは企

「『東京ベイエリアビジョン』（仮称）の検討に係る官民連携チームの提案」（2019年10月）の15ページから転載。「MICE、IR施設などが整備されるイメージ」とある

業などの会議（Meeting）、Ⅰは企業などが行う報奨・研修旅行（Incentive Travel）、Ｃは国際機関・団体・学会などが行う国際会議（Convention）、Ｅは展示会・見本市、イベント（Exhibition／Event）。「多くの集客交流が見込まれるビジネスイベントなどの総称」と紹介されている。前述の最終提案には、イメージされたイラスト（上図）も添えられている。

提案書には「カジノ」の三文字は見当たらないが、矢野さんらは「ＩＲと書いてあるからには当然、カジノも含む施設だ」と捉えている。

イラスト中央部で、縦に走るのは「ゆりかもめ」だろう。その右側には、大きな白い建物が描かれている。これが「ＩＲというスキーム」の肝となるカジノホテルだろうか。長らく「船の科学館」だったあたりにも、奇抜な形をした建築物が三つある。海外のＩＲ施設から類推すると美術館などを想定しているのではないか。

年間三〇〇〇万人が来場？

繰り返すがこの最終提案には、カジノの文言は出てこない。しかし、矢野さんら臨海都民連に限らず、東京カジノ反対派は揃って、「高収益を生み出すカジノなしでは、こんな大規模開発はなしえない」と捉えている。

では、この「東京ＩＲ」はどういったものになるのだろうか。現段階で参考にできそうなのが、二〇一八年度の東京都委託調査でまとめられた「特定複合観光施設に関する影響調査　報告書」だ。有限責任監査法人トーマツが二〇一九年三月にまとめている。

二項目めの「東京に立地した場合に想定される姿」では、「ＩＲには、世界水準のＭＩＣＥ施設、ホテル、エンターテイメント施設の充実などによる、東京のみならず日本全体の経済の活性化、観光振興が期待されている」「東京二〇二〇大会後の観光振興や日本の経済成長の起爆剤となる可能性」と記す。

三項目めの「期待される効果」で、経済波及効果の数字などを明示している。各種数字を記す前に押さえたいのは、「具体的な立地場所は想定しておらず、数値は概算」という点だ。先の官民連携チームが提案した「青海エリア」で試算しているわけではない。

前提条件とする施設規模は、国際会議場が収容一万二〇〇〇人、展示場が二万平方メートル、宿泊施設は一〇万平方メートルで二五〇〇室。さらに「東京における流動人口」を「近傍在住者（東京駅から八〇km圏内に居住する成人男女）」＋「訪都外国人」の約六〇〇〇万人で計算した。これらを「海外事例や首都圏の統計指標により推計」し計算した結果が、ＩＲへの年間延べ来訪者数は三〇〇〇万人、年間売上高は四〇〇〇億円。経済波及効果は七〇〇〇億〜九〇〇〇億円、雇用創出効果は三万〜四万人、税収は八〇〇億円となっている。

「はじめに」で触れた大阪ＩＲの整備計画では、開業三年目で年間来訪者を約一九八七万人と見込む。周辺に抱える人口規模からすると、東京ＩＲが、それより一〇〇〇万人以上多くなっても、何ら驚かない。仮に東京ＩＲができると、そのインパクトは絶大で、東京臨海部だけでなく、東京圏そのものの姿を変えそうだ。いや、東日本全体の人の動きにインパクトを与えうる施設になるかもしれない。

小池知事の発言は

小池百合子氏が三選を目指した二〇二四年の東京都知事選が、同年六月二〇日告示、七月七日投開票で実施された。広島県安芸高田市長だった石丸伸二氏や立憲民主党で参院議員を務めた蓮舫氏ら多彩なメンバーが立候補し、首都トップの座をめぐり、熱戦を繰り広げた。

先に、都の職員たちが、矢野さんらに対して「メリット・デメリットを総合的に判断する」と言い続けていることに触れた。では、二〇一六年八月からトップを務め、今回の選挙で三選を果たした小池氏は、どう語ってきたのだろうか。前回二〇二〇年七月にあった都知事選は、「東京カジノ」が論戦テーマの一つになっていた。そこでの発言から拾っていこう。

振り返ると二〇二〇年になって本格的に広まった新型コロナウイルスへの対応に伴い、小池氏のメディア露出が激増。強いリーダーを演出することに成功し、その年の都知事選では当初から圧勝が見込まれていた。実際の得票数も三六六万票を超え、得票率は六割近くに。次点の宇都宮健児氏（弁護士・元日弁連会長）は八四万票超にとどまり、下馬評通りの結果となった。

コロナ対応の是非などに加え、会見や候補者討論会ではカジノ誘致の是非も繰り返し問われた。同年六月一五日、小池氏の政策発表会見では、一人の記者が質疑の時間に切り込んだ。

記者　ＩＲ誘致についてお尋ねします。知事は常々、ＩＲ誘致について是非は明言をしてきておりませんでした。例えば今度の知事選では、競合される候補者に反対の方がいたり、積極的だったりする方がいます。有権者にＩＲ誘致に関する選択材料を与えるという意味でも、誘致の是非について、姿勢を明言していただけますでしょうか。

小池氏　これについては、ずっと申し上げていますけれども、メリット、デメリット両方があるわけでございます。そしてまた、例えば、今コロナというような状況もございますけど、今後どうやってこの東京を魅力的な街にしていくのかという点でのＩＲの存在。また一方で、それによる依存症という問題もございますので、引き続き、メリット、デメリットについては検討をしていくという姿勢には変わりがございません。

続く六月一七日には、立候補予定者の共同記者会見があった。候補者同士による質問タイムがあり、IR誘致反対を明確にしている宇都宮氏が小池氏に問うた。

宇都宮氏　カジノの誘致計画はきっぱりと中止すべきではないかと思いますけど、その点、どのようにお考えでしょうか。カジノは博打（ばくち）なので、負けた人の犠牲の上に成り立つ商売なのですね。人の不幸の上に成り立つような、カジノ誘致はきっぱり中止すべきだと思いますけど、いかがでしょうか。

小池氏　今お話もありましたように、勝つ人というか、負ける人のことをベースに成り立っているというようなご質問だったかと思います。一方、観光という点では、それは誘客についてはメリットもある。これらメリット、デメリットを含めまして、研究をしているということで、総合的な検討が必要だという姿勢でございます。

この会見では、日本記者クラブの企画委員も重ねて質問している。

委員　カジノを含む統合型リゾートの誘致に関して質問させてください。今のところですね、小池さんも先ほどおっしゃっていましたけれども、メリット、経済成長というメリット、またギャンブル依存症、そういうデメリットの両面を踏まえて検討するということで、はっきりと賛否は明らかにされていないのですけど、この選挙戦でやっぱり小池知事も賛否を明らかにすべきではないのかと私たちは考えております。

このように迫られても、小池氏は定型を崩すことはなかった。

小池氏　かねてより、申し上げておりますように、まず外国人の旅行客を始めとする観光、経済への成長を進めていくというメリットはあります。まさしく稼ぐ東京であります。一方で、先ほどから出ておりますように、依存症の問題等があるわけでございまして、ここをずっとメリット、デメリットの検討をしているということであります。国もですね、さまざまな計画が今後ろ倒しになっているというふうに聴いております。それらのことを見ながら、総合的な判断、検討をしていくということであります。

六月二七日には小池氏、宇都宮氏ら候補四氏が集まった討論会があった。報道やドキュメンタリー制作に携わるディレクターや監督らによる有志の映像制作集団「Choose Life Project」が企画した。「東京にカジノを誘致する？」の質問に対し、小池氏の回答は「△」。司会のジャーナリスト津田大介氏から理由を問われ、次のように答えた。

小池氏　これはご承知のように観光産業としてのメリット、そしてまた、それによってさまざまな依存症をつくってしまうということ、メリット、デメリットがあるということで検証を、または研究を重ねているということから「△」を出させていただきました。

江東区の状況は

二〇二三年一一月、旧知のカジノ反対派の二人に改めて連絡を取った。一人は「カジノいらない！東京連絡会」代表幹事の一人で弁護士の釜井英法さん。もう一人が、「市民と政治をつなぐ江東市民連合」事務局次長の芦澤礼子さんだ。二〇二〇年一〇月、臨海都民連の矢野さんと青海地区を回った時、お二方に同行してもらっている。

釜井さん・芦澤さん・矢野さんの三人は、二〇二〇年一月に発足した「カジノいらない！東京連絡会」のメンバーでもある。同会は「主婦連合会」「東京消費者団体連絡センター」のほか、芦澤さんの「江東市民連合」、矢野さんの「臨海都民連」など七団体で構成されている。二月には「東京のカジノ建設予定地　江東区青海地区（北側）見学会」を開催。六月には小池知事に対し、二〇六四筆のカジノ誘致反対署名と「ＩＲ誘致の是非に関する態度表明を求める申入書」を提出した。また、一〇月には、静岡大学教授（国際金融論）で『カジノ幻想』の著者である鳥畑与一氏を招いたオンライン学習会を開いている。

釜井さんは二〇二〇年一〇月の取材時、三〇年超にわたる弁護士活動の経験からカジノに反対する理由を語った。多重債務や自己破産の相談者には、ギャンブルが原因となった人たちが少なくない。そのような人たちは、多重債務を整理する過程で多くの人が再度、ギャンブルに手を出してしまう。その結果、生活再建に支障が生じるだけでなく、家族との信頼関係にもひびが入ってしまう。「本来カジノは賭博罪に該当する犯罪です。人の不幸を生み出すカジノを賭博罪の例外とし、国策として受け入れるのはあり得ない」。力強くこう言い切った。

今回の取材では、東京都が二〇二三年一月にまとめた「未来の東京戦略二〇二三」で、IR誘致への言及がなかったことへの一定の評価を口にした。一七二ページ分の資料をめくると、「MICE誘致競争力強化」とは出てくる。そこには「環境配慮型MICE」や「次世代型MICE」とあるものの、確かにIR誘致と絡めた文脈にはなっていない。二〇一九年に官民連携チームが出した資料とは、印象がかなり異なる。この点について、釜井さんは「コロナ禍を経て都のIR誘致への前のめりの姿勢が、やや後退しているように感じる」とした。

しかし、もちろん東京カジノへの警戒を解いているわけではない。釜井さんが代表幹事の一人になっている「カジノいらない！東京連絡会」は前回、二〇二〇年七月の都知事選候補者にIR誘致に関する公開質問状を出した。二〇二四年夏に実施される都知事選でも、「同じく実施を検討していきたい」と話したが、その言葉通りに実行した。

芦澤さんとはオンラインでの再会となった。彼女が事務局次長を務める「江東市民連合」は、二〇一七年に改憲阻止と野党連合政権の成立に貢献しようと立ち上がった。連合がカジノの問題に関心を持ったのは二〇一九年の終わり頃から。同年一二月に東京地検特捜部が衆院議員の秋元司氏を逮捕する。IR参入を目指していた中国企業側から三七〇万円相当の賄賂を受け取ったとされる収賄容疑だ。現職国会議員の逮捕は約一〇年ぶりだった。

この「IR汚職」の渦中の人物となった秋元氏は、江東区の選出。江東市民連合は江東区役所前にある秋元氏の事務所前で抗議行動をしたり、同氏に公開質問状を提出したりと動いた。現場ルポでも説明したように、東京カジノの有力候補とされる青海地区は同区にある。江東市民連合のメンバー間で、「カジノ問題にきちんと取り組んでいこう」との意識が高まった。そうした流れもあり、「カジノいらない！東京連絡会」にも加わった。

二〇二〇年の取材時、芦澤さんは「江東区は財政的にも文化的にも豊かで、カジノで街おこしをしなくても十分に成り立つ」「カジノが来たらその周辺は荒廃する。私たちの江東区でそんなことを絶対に許してはならない」と語っていた。

その後、芦澤さんは二〇二三年四月に開かれた江東区長選に共産、社民の推薦を受けて立候補している。当選には至らなかったが、「カジノ反対」の論陣を張った。

改めて連絡を取った同年一一月、芦澤さんは多忙を極めていた。芦澤さんも出馬した選挙で当選して区長になった木村弥生（やよい）氏が同月、突然に辞職したからだ。四月の区長選で、有料のインターネット広告をYouTubeに掲載した公職選挙法違反容疑で捜査を受けたことが原因だ。この件への関与が浮上した地元選出の自民党衆院議員、柿沢未途（みと）氏も法務副大臣を辞めることになるなど、余波も大きかった。

こうした状況下、芦澤さんは二〇二〇年の時よりもさらに強く、「東京カジノ」への危機感を示した。その背景には、第六章で詳述する「維新」の動きがある。

大阪から始まった「日本維新の会」は、全国政党化に向けて勢力を伸ばしている。IR推進を掲げるこの党が、江東区でも着実に浸透中なのだ。二〇二三年四月にあった同区議選では、五九人が立候補し、定数四四を争った。その結果、維新の区議が三人誕生した。しかも、二人は得票順で五位、六位と上位で当選。残る一人も、二〇位と余裕の通過だった。

「東京都がカジノへの立場をはっきりさせないから、確かに反対する私たちも動きにくい。しかし、都は諦めたわけではない。ＩＲ推進派の維新の影響力が江東区内や他の地域で高まっていることを考えると、皆の危機感を高めていきたい」

芦澤さんの熱量は、画面越しからでも、はっきりと感じられるほどだった。

東京ＩＲは東京ドーム跡に？

一連の取材を続けていた二〇二三年冬、興味深い話を聞いた。その情報をもたらしたのは、自民党政治家にパイプがあり、ＩＲ事業への参入を目指している実業家のＡさん。新型コロナウイルスの流行以前から定期的に面会し、メディアには載らない霞が関・永田町界隈でのＩＲ情報を教えてもらってきた。その流れで、この書籍の出版計画も初期の段階で打ち明けている。肌寒さを感じるようになったある日、出版に向けた準備状況報告のため、都内事務所に伺った。すると、旧築地市場（中央区）の跡地再開発計画と絡めた、とある構想を持ち出した。

小池知事は二〇二三年九月、募集していたこの計画に複数の事業者から提案書の提出があったことを定例記者会見で明らかにしている。この際の一部報道では、本命は三井不動産を主体とする企業グループで、そこには鹿島建設や大成建設などゼネコン数社のほか読売新聞グループ本社も参加するとされた（実際二〇二四年四月に同企業グループに決定したことが発表され、約五万人を収容可能なスタジアムの建設構想が明らかになった）。

読売が加わるのは、プロ野球の巨人が東京ドーム（文京区）に替わる本拠地にするためと伝えるニュースも出た。確かに東京ドームは一九八八年の開業から三五年以上が経過し、そう遠くないうちに、老朽化問題が浮上すると言われている。

ここまでは表に出てきている情報だが、Ａさんによるとプラスの構想がある。それは、東京ドームや温浴施設「スパ ラクーア」などからなる「東京ドームシティ」一帯を再開発し、東京ＩＲに造り変えるというものだ。同シティは都心のど真ん中に位置し、文京区は東京大学本郷キャンパスがあるなど日本屈指の文教地区として知られている。そんな落ち着いた街のど真ん中に、カジノを含むＩＲ施設が誕生する可能性はあるのか。しかも、大阪ＩＲに比べると敷地面積ははるかに狭い。カジノはＩＲ施設の三％までとするルールがあるため、敷地面積が狭くなると当然、カジノエリアも縮小する。

この点について、Ａさんは次のように説明した。

「カジノの規模は大きければ良いというものでもないですし、周辺地区とＩＲをうまく隔てる設計の仕方もある。ようは、やろうとすればできるわけですよ。ＩＲ推進派からすると、やっぱり東京に欲しい。あくまで一つの構想ですが、近いうちに具体的な計画に向けて青写真を描き始めると聞いています」

僕はさすがに実現の可能性は低いと見るが、予断を持たずに情報収集に当たることにする。

こうしたさまざまな情報や構想が飛び交うほど、「東京カジノ」には妖(あや)しい魅力がある。そして、コロナという足かせがなくなった今、またぞろ実現に向け動き出している人々がいる。

第二章では、こうした人たちが夢を託すＩＲの姿を、海外の事例から探りたい。

第二章　海外から探るＩＲの真の姿

ＩＲは「Integrated Resort」

ここまで統合型リゾート（ＩＲ）についての詳しい説明は、あえてしてこなかった。説明するにはいろいろな専門用語を登場させることになり、読者が本書に取っ付きにくくなることを恐れたからだ。いまだ国内になく、初めてできる施設のため、想像力をかなり膨らませてもらう必要もある。しかし、「カジノを含む統合型リゾート」の表記だけでは、ＩＲを具体的にイメージすることはできない。次章では大阪のＩＲ計画を説明するが、その前にすでに営業している海外の事例から、ＩＲの真の姿を探りたい。

ＩＲは英語の「Integrated Resort」の二つの頭文字を取っている。「integrate」を

Google検索する。主だった意味としては「統合する、統一する、まとめる、合体させる、調和させる」。「resort」は「行楽地、たまり場、リゾート」だ。直訳すると「(複数の施設が)まとめられた行楽地」というところか。IRはこの言葉が表す通り、カジノ単体の施設ではない。メディアはこうした点に目配りし、「カジノを含む統合型リゾート(IR)」と表記している。

「SMAP」出演CMの舞台に

「The Loco-Motion」の軽快なBGMに合わせ、アイドルグループ「SMAP」(二〇一六年解散)のメンバー五人が歩みを進める。衣装は上下、靴までほぼ白一色。何かのパーティーを楽しんでいる最中なのだろうか。着飾った外国人の男女が、ひしめき合っている。カウンターの上から、メンバーがスマートフォンをそれぞれ手にした。向かった先にあったのはプール。今度は水着姿の男女がいる。遠方には複数のビル上層部が見える。画面が引いていくと同時に「Smap → Singapore」「COME ON!」のテロップが出てくる。そして、さらに上空からの映像になると、このプールが三本のビルの屋上にまたがる形で地上高く浮いていることが分かる。

読み進めていくうちに、「おやっ」と思われた読者もいたのではないか。そう、これは二〇一一年の初夏から放送された、テレビCMの描写だ。この舞台になったのは、シンガポールにある「マリーナベイ・サンズ」（MBS、二〇一〇年四月に一部、六月に正式開業）。米国に拠点を置くサンズ社が運営している。二〇一四年五月、首相だった安倍晋三氏が訪問したことは、「はじめに」で触れた。

テレビCMで最後にうつる三本のビルは、ホテルになっている。公式サイトによると、SMAPの五人が闊歩（かっぽ）したプールは五七階に位置する。年齢制限がないため子どもでも利用できるが、宿泊者限定だ。

このMBSもIR施設。テレビCMで使われ認知度があること、建物外観の斬新さ、シンガポールがIRで観光客増に成功している……。こうした理由から、国内でIRを説明する時にMBSはよく引き合いに出される。

ホテル以外に何があるのだろうか。二〇一八年一二月～翌年一月に政府が各地で開いた「特定複合観光施設区域整備法に係る説明会」の資料を参照する。二〇一八年七月公布の

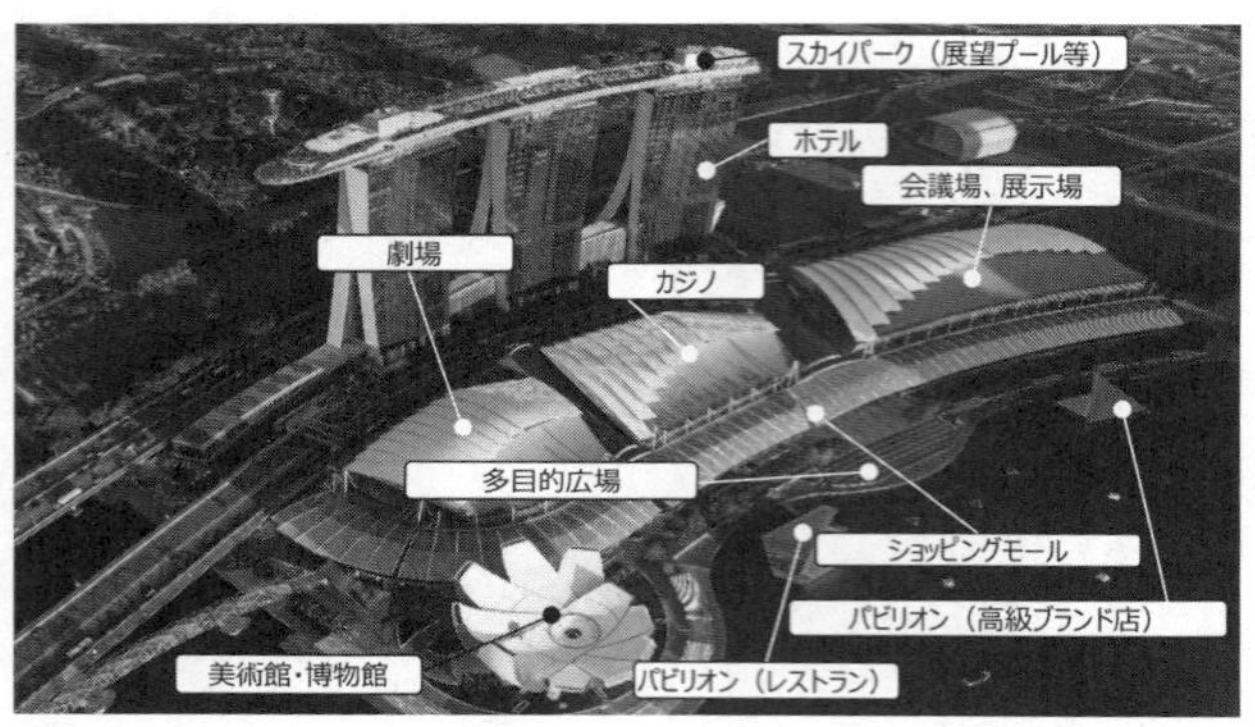

シンガポールのIRの例として挙げられた「マリーナベイ・サンズ」。政府の「特定複合観光施設区域整備法に係る説明会」の資料4ページから転載

同法は、国内のＩＲ整備に関する法律で、ＩＲ整備法と呼ばれている。その説明資料四ページにＭＢＳが出てくる。転載した上図をもとに解説する。

ＳＭＡＰ五人が歩いていたのは、「スカイパーク（展望プール等）」だ。その下の三本のビルからなる「ホテル」前に、「カジノ」「会議場、展示場」「劇場」の建物群がある。さらに「ショッピングモール」「パビリオン（高級ブランド店）」「パビリオン（レストラン）」も併設され、「美術館・博物館」もある。「多目的広場」も確保された、これらの施設が一体となってＩＲを構成している。

この「美術館・博物館」は「アートサイエンス・ミュージアム」との名称がついている。ここでは、日本のデジタルアート集団「チームラボ」

が二〇一六年三月から常設で展示を開いている。僕は猪子寿之（いのことしゆき）代表が率いるチームラボの作品が好きで、これまでも複数回、展示会にプライベートで足を運んできた。このように大々的な常設展示が行われるなど、海外でも高く評価されていることは嬉（うれ）しい。施設群の中で「会議場、展示場」は、ＭＩＣＥ施設に位置づけられている。前章でも触れたように、「多くの集客交流が見込まれるビジネスイベントなど」を開く場所だ。ＭＩＣＥが開かれると、世界各地から企業や学会の主要メンバーが足を運ぶ。そこでの新たな出会いはイノベーションやビジネスチャンスを生む。もちろん、ＭＩＣＥの主催者は会場の準備や本番でさまざまな支出をするし、参加者も宿泊、飲食、観光でお金を消費する。しかも、彼らは滞在日数も比較的長く、一般的な観光客よりも優良な訪問者とされる。

観光庁は二〇一八年四月、日本国内で開かれた国際ＭＩＣＥによる経済波及効果（二〇一六年分）を算出している。外国人参加者一人あたりの平均消費額を三三・七万円とした。また、同庁が二〇二〇年三月に発表した「二〇一九年の訪日外国人旅行消費額」にも当たってみよう。「一人当たり旅行支出」の額を見ると、一般客は一五万八五三一円。二つのデータの時期は異なるが、MICEで来訪した外国人と通常の訪日外国人とでは、落としていくお金に二倍以上の開きがある。MICEによる訪日外国人は、やはり「上客」と言えよう。

だからこそ、どこの国も自国でのMICE開催を目指し、誘致合戦が激しくなっている。

もう一つのリゾート型IRとは

シンガポールには、実はさらにIRがある。同国の中心部にある都市型IRのMBSに対し、別の一つはリゾート型IRとされる。それは、シンガポール屈指のリゾート地にあるIR「リゾート・ワールド・セントーサ」(RWS)。日本国内での知名度はMBSよりも劣るが、こちらもかなり立派だ。

RWSはゲンティン・シンガポールの運営で、二〇一〇年一月に一部開業した。ゲンティングループは、マレーシアのカジノ運営会社。RWSはテーマパークの「ユニバーサル・スタジオ・シンガポール」を抱えている。また、水族館「シー・アクアリウム」と遊園地「アドベンチャー・コーブ・ウォーターパーク」からなる複合施設「マリンライフ・

パーク」もある。水族館は世界最大級の規模を誇るし、遊園地にはウォーターースライダーや全長六二〇メートルの流れるプールもある。子どもがいる一家なら、RWSだけで数日間を過ごせるだろう。

自治体の国際化を支援している一般財団法人「自治体国際化協会」(CLAIR/クレア)のシンガポール事務所が、同国のIR政策をまとめた資料をサイトに載せている。二〇二〇年八月の資料から、MBSとRWSに関する一覧表の一部を次ページに引用した。

もちろん、両IRは「カジノ」併設だ。カジノの延床面積は共に約一万五〇〇〇平方メートルと同じ。他方、「ゲーム台数」を比較すると、MBS(二四三九台)がRWS(二一六〇台)をやや上回っている。

MBSにある「サンズホテル」の客室稼働率が九六・七%(二〇一六年)となっている点にも注目したい。ほとんどの客室が年間を通して、埋まっている数字となる。「シンガポールに行って、あの屋上プールで泳いできたよ」。新型コロナウイルスが拡大する前、僕は複数の友人からこうした体験談を聞いた。先に記したようにMBSのプールは宿泊客しか利用できない。詳しく言わなくても、「あの屋上プール」で通じるのだから、MBS

はうまくブランディングできている。

他方、RWSは六つのホテルを揃えている。それぞれ特徴が異なることから、滞在するたびにホテルを選ぶ楽しみ方ができる。価格帯にも幅を持たせられ、宿泊層を幅広くできるメリットもある。

マリーナベイ・サンズ

開発面積	155,000㎡	
事業主体	ラスベガスサンズ社（米）	
総開発費用	US$55億（S$75億）	
営業開始	2010年4月27日（一部開業）	
売上高(US$(S$))	2011年	29億2,200万(36億7,200万)
	2012年	28億8,600万　(36億500万)
	2013年	29億6,800万(37億1,300万)
	2014年	32億1,400万(40億7,000万)
	2015年	29億5,200万(40億5,800万)
	2016年	27億9,900万(38億6,262万)
	2017年	31億5,400万(43億5,300万)
	2018年	30億6,900万(42億2,000万)
	2019年	31億100万　(43億3812万)
主要施設		
MICE施設	面積	120,000㎡（5階）
	展示ブース	2,000ブース
	会議室	250会議室
	収容可能数	45,000人
サンズホテル	客室数	2,561室（55階）
	延べ床面積	20,690㎡
	客室稼働率	96.7%(2016年)
ショッピングモール	店舗数	270店舗（2016年）
カジノ	延べ床面積	15,000㎡
	ゲーム台数	2,439台

リゾート・ワールド・セントーサ

開発面積	490,000㎡	
事業主体	ゲンティングループ（馬）	
総開発費用	S$66億	
営業開始	2010年1月20日（一部開業）	
売上高(SS)	2011年	32億　81万
	2012年	29億3,139万
	2013年	28億4,552万
	2014年	28億6,038万
	2015年	23億9,936万
	2016年	22億2,594万
	2017年	23億9,045万
	2018年	25億3,923万
	2019年	24億8,034万
主要施設		
ユニバーサル スタジオ シンガポール	面積	200,000㎡(USJ:540,000㎡)
	アトラクション数	25アトラクション 内18アトラクションは世界初
マリンライフ・パーク	S.E.Aアクアリアム	
	アドベンチャー・コーブ・ウォーターパーク	
6つのホテル	ホテル・マイケル フェスティブ・ホテル クロックフォード・タワー ハードロックホテル・シンガポール スパ・ヴィラ エクアリアス・ホテル	
カジノ	延べ床面積	約15,000㎡
	ゲーム台数	2,160台

一般財団法人「自治体国際化協会」シンガポール事務所による「シンガポールの政策 IR政策編」(2020年8月) から一部転載、改変

再度、政府の「特定複合観光施設区域整備法に係る説明会」の資料に戻る。シンガポール政府は「国際観光地としての魅力を取り戻すため」、二〇〇五年に「国策としてカジノを含むＩＲを誘致することを決断」。「ＩＲの中にＭＩＣＥ施設等の施設に加え、アイコニック（筆者注：「目を引く」の意味）な宿泊施設、エンターテイメント施設等魅力的な施設の整備を行った」と記している。

そして、二〇〇九年（ＭＢＳ・ＲＷＳの両ＩＲが一部開業する前年）と二〇一四年の各種データを比較している。いくつか分かりやすい数字を拾ってみよう。

・外国人旅行者数は九六八万人→一五一〇万人（五六％増）
・外国人旅行消費額は一兆円→一・八六兆円（八六％増）
　※一シンガポールドル＝七八・七五円で計算
・国際会議開催件数は六八九件→八五〇件（二三％増）

さまざまなプラスの数字が掲載されている。

日本型IRとは

ここまではシンガポールの事例で、「IRとは何ぞや」を探ってきた。MBSやRWSの姿は、IRのイメージをつかむ一つのヒントにはなる。しかし、シンガポールと日本では当然、経済事情、文化背景、国民性、歩んできた歴史が異なる。シンガポールがシンガポール独自のIRを造っているように、日本も日本型IRを造ることになる。その大もとになるのが、IR整備法だ。

ところが二五〇条を超える大がかりな法律を細かく引用しても、日本型IRを示せない。それはいかにもな法律の文章が並んでいることによる。分かりにくいことは承知で、最初に出てくる「第一条」の「目的」を引用する。

適切な国の監視及び管理の下で運営される健全なカジノ事業の収益を活用して地域の創意工夫及び民間の活力を生かした特定複合観光施設区域の整備を推進することにより、我が国において国際競争力の高い魅力ある滞在型観光を実現するため、（中略）

必要な事項を定め、もって観光及び地域経済の振興に寄与するとともに、財政の改善に資することを目的とする。

押さえたいポイントは次の通り。一「健全なカジノ事業の収益を活用」する。二「地域の創意工夫」と「民間の活力」を生かす。三「国際競争力の高い魅力ある滞在型観光を実現」。四「観光」と「地域経済の振興」に「寄与する」。五「財政の改善に資する」。

「そもそも〈健全なカジノ〉はあり得るのか」については後ほど、ギャンブル依存症の問題などと共に考えていく。ここではＩＲはカジノの収益をあてにし、民間が事業主体となることと、「滞在型観光」を実現させ、地域の観光、経済、財政にメリットをもたらす目的があることを理解しておきたい。

制度面で最初に知るべきは、国内で造られるＩＲの数は「上限は三」となっている点だ（同法第九条・区域整備計画の認定）。大阪ＩＲは二〇三〇年秋頃の開業に向けて前進しているが、法律上はさらに二カ所に造れる。「東京カジノ構想」が取りざたされる根拠になっている。

ここからは再度、ＩＲ整備法の説明資料に戻り、日本型ＩＲの姿をさらに探る。

何を造るかは、同法で決められている。先に紹介したシンガポールのMBSと一部は被ってくる。「カジノ施設」「国際会議場施設」「展示等施設」「我が国の伝統、文化、芸術等を生かした公演等による観光の魅力増進施設」「送客施設」「宿泊施設」「その他観光客の来訪・滞在の促進に寄与する施設」だ。これら「一群の施設」が「民間事業者により一体として設置・運営される」。なお、IR整備法は、この「送客施設」を国内「各地域の観光の魅力に関する情報を適切に提供し、併せて各地域への観光旅行に必要な運送、宿泊その他のサービスの手配を一元的に行うことにより、国内における観光旅行の促進に資する施設」と定めている。

IRに関し、主たる議論の対象になっているカジノはどう規制されるのだろうか。

- カジノ施設は一区域に一つのみ
- IR事業者は、政府のカジノ管理委員会（二〇二〇年一月発足）の免許（有効期間三年・更新可）を受け、カジノ事業を行える
- カジノ事業者に、業務方法書、カジノ施設利用約款、依存防止規定（本人・家族申告によ

る利用制限を含む）と、犯罪収益移転防止規定の作成を義務づける。免許申請時にカジノ管理委員会が審査（変更は認可が必要）

- 日本人と国内在住の外国人の入場回数を、連続する七日間で三回、連続する二八日間で一〇回に制限。確認にマイナンバーカードを活用。入場料六〇〇〇円を徴収
- 二〇歳未満の者、暴力団員、入場料未払い者、入場回数制限超過者はカジノ施設への入場を禁止。カジノ事業者にも、これら対象者を入場させてはならないことを義務づける

なお、カジノを行う場（ゲーミング区域）の広さは、政府がこの説明会を開いている時点では未定だったことから、参照した資料には記載がない。二〇一九年三月にＩＲの設置基準を定める施行令が閣議決定され、ＩＲの総床面積の三％までに決まった。

政府はこれらをもって、「世界最高水準の規制」としている。

この中で、よく議論の対象になるのが、「連続する七日間で三回、連続する二八日間で一〇回」とする入場制限と、六〇〇〇円の入場料だ。カジノを別の施設に替えて考えてみる。例えば、地元のスナックに週三回も通っていたら、いわゆる「常連」にあたらないだ

ろうか。となると、週三回もカジノに行けば、ギャンブル依存症の恐れはないのだろうか。

入場料六〇〇〇円は、財布のヒモが固い僕には、確かに効果がある。「(僕にとって高級となる)一二〇〇〇円のフルーツパフェを三回食べたほうがお得」との思考回路となるからだ。ところが、カジノで勝てると踏むギャンブラーはそうではないだろう。「六〇〇〇円を払っても、その数倍儲かる」と考えるに違いない。

謎の女性たちの写真

本当に「世界最高水準の規制」か否かを考えていた二〇二三年冬、僕は都内の居酒屋で開かれた会合に誘われた。ここ数年来のカジノ・ＩＲ取材で知り合った数名が集まるという。五〇〇〇円以内で済むと聞いたので、いそいそと出かけた。

乾杯してからほどなく、左隣に座った中年男性のＢさんが、スマートフォンの画面を差し出しながら、話しかけてきた。

「私、この前、マカオ(澳門)に視察に行ってきましたよ」

マカオとは、中国の「マカオ特別行政区」のことだ。カジノが盛んなことで知られる。

「東洋のラスベガス」とも言われるが、実は二〇〇六年にはカジノの売上規模でラスベガスを抜き、世界一となっている。

マカオの観光名所となっている「聖ポール天主堂跡」や「セナド広場」の写真を見せてくれるのだろうか。僕は休暇を取って複数回、ポルトガル文化漂うかの地を訪問している。懐かしい風景が見られるのかと期待したら、全く違った。

Bさんの手元の画面に映し出されたのは、若い女性の顔やバストアップ写真。画面をスクロールするたびに、新しい子が出てくる。いずれも目鼻立ちの整った美人ばかりだ。見た目の雰囲気からすると、朝鮮半島系の女性たちのようだ。

「えーとー、この写真は～」

そうつぶやきながら、脳みそをフル回転させ何の写真か当てようとした。

Bさんは男性の欲望をカネに変える「下半身ビジネス」で、事業の基礎を築いた。その後、手広くビジネスを展開し、今や複数社を経営している。その彼が見せてくれている女性たちの写真とは何か。勘良く当てられない僕に対し、Bさんが答えを教えてくれた。

「この外国人女性たちは、マカオのデートクラブのメンバーですよ。マカオに遊びに来た富裕層の相手をするわけです。カジノと女性はセットでしょ。マカオに知り合いがいたので、どんなシステム、料金でどう運営しているのか聞いてきました」

そのついでに、彼女たちの写真を資料としてもらったのだという。

Bさんやこの夜に集まったメンバーたちの名誉のために記すと、彼は非合法の商売には手を出していない。もちろん、反社会的勢力との接点もないし、半グレや注目を集めている「匿名・流動型犯罪グループ」（通称トクリュウ）とも関係ない。

大阪IRの開業は、最も順調に進んでも二〇三〇年秋。二〇二三年冬時点だと、まだ六年半以上も先となる。それでも、やり手のBさんは、リサーチに動いている。そこには大阪IRのカジノに来る男性に女性をあてがう商売が、うまみのあるビジネスになるとの計算が働いている。外国の富裕層、カジノで勝って懐が潤うギャンブラーは共に金払いが良い。女性たちのサービス単価が高くなる分、手配する側への〈キックバック〉も増える。

Bさんは、もちろん合法的なビジネスを目指す。非合法の場合、常に警察の目を気にしなければならず、反社との付き合いが生じる恐れがある。Bさんいわく、「それでは割に合わない商売にしかならない」。頭を使い、ギリギリの仕組みを考えてこそ、長く続けられるおいしい商売となる。だからこそ、早め早めに仕掛けるのだ。

折しも、二〇～三〇代の日本人女性が売春に手を染める事例の報告が、新型コロナウイルス感染症が五類に移行した二〇二三年春から続いている。新宿・歌舞伎町にある「大久保公園」周辺では、個人売春を行う「立ちんぼ」が多数いることが、当たり前になってしまった。また、日本を飛び出し、海外で売春行為をする女性も増えているとされる。在ラオス日本国大使館は同年四月、「ラオス北西部ボケオ県での求人詐欺に関する注意喚起」と題する文書を出した。そこには、次のように記されている。

「最近、ミャンマー及びタイと国境を接しているボケオ県の経済特別区において、高額な報酬等の好条件を提示してラオスに渡航させた後、実際は自由を拘束し違法活動に従事させるという、外国人を被害者とする求人詐欺が多発しています」

SNS上ではラオスでの売春話が散見されている。「噂されているような人身売買や薬漬けになるとか絶対ないので安心してお仕事できます　一日一五万～稼げます」。こんな投稿が流れたこともあった。

しかし、誰か分からない匿名アカウントがつぶやく「安心」「稼げます」より、日本国大使館の「注意喚起」を信じるべきだ。僕もとあるルートから、日本人女性がアジアで巻き込まれた海外売春のトラブルを聞いたことがある。間違いなくリスクが高く、やめたほうが無難だ。

とはいえ、各種状況を総合的に鑑みると、Bさんが女性を集めることに苦労はなさそうだ。そして、うまいことビジネスをしている近未来が予想できる。

闊歩する女性たち

朝鮮半島系の女性たちの写真を見た翌日、僕は二〇一〇年代に訪問したマカオを改めて思い出していた。かの地の有名スポットの一つに、「ホテル・リスボア」がある。二〇二〇年五月に死去した「マカオのカジノ王」ことスタンレー・ホー氏がオーナーだったカジノホテルだ。訪澳した際、ふらりと訪ねたことがあった。

カジノエリアに入る前、建物内をうろうろしていると、その一画で奇妙な光景に出くわした。化粧バッチリで、いずれもスカート姿のおしゃれな若い女性たちが、フロアをぐるぐると歩き回っている。彼女たちを主に大陸系と見られる中国人男性たちが、少し遠くから眺めていた。女性たちが醸し出す妖艶な雰囲気と、いやらしさが混じる彼らの熱視線からピンと来るものがあった。

帰国後にネット検索すると、すぐに引っ掛かった。彼女たちは予想通り、売春婦。ホテル・リスボアの特定エリアを闊歩しながら、男性客から声をかけられるのを待っている。ネット情報によると、休まずに動く様子から、「リスボア回遊魚」「回遊魚」と名付けられていた。彼女たちは、中国大陸からの出稼ぎ女性とのこと。海外での風俗に関心が高い男性の間では、マカオの名物的存在として知られていた。

今回、本書を出すにあたり改めて調べると、彼女たちはすでに〈絶滅〉していた。二〇一五年一月に大規模な摘発があったとするネット記事も見つかった。今となっては貴重な目撃となった。なお、僕は偶然にも、日本人の知人男性から彼女たちの接客ぶりを聞く機会があった。「極めてビジネスライク」とのことだ。

Bさんから聞いた「カジノと女性はセット」という言葉は、「リスボア回遊魚」ときれいにリンクする。スカートから伸びた女性たちのすらりとした生足の記憶は、Bさんの言葉に極めて説得力を持たせた。

カジノに触れたことがない読者は、戸惑うかもしれない。しかし、こうした知られざる実態を告白する男性は他にもいる。二〇二〇年一月二七日、「神奈川新聞」は「米国内で三〇近くのカジノのデザインを手掛けてきた」「日本人建築デザイナー」のインタビュー記事を載せた。そこには、次のような言葉があった。

「一番怖いと思うのは、ラスベガスやマカオでも『飲む、打つ、買う』が一セット。客が宿泊するホテルに売春婦がいないといけない。そこで（売春のあっせんをする）ポン引きは二〇部屋ほど借りている。外国から女性が観光ビザで入って宿泊客となっている。ホテル側は（売春婦に）客の友達と言われると、どうしようもない。こうしたシステムが裏でできてしまっている。日本女性は世界中で人気がある。地元の女性にも声がかかることが怖い」

さすがに日本の場合だと、IR敷地内のホテルでは、こうした「ポン引き」や「リスボア回遊魚」が誕生することは避けられるに違いない。行政がホテル経営者に注意喚起し、警察も適宜、摘発に乗り出すだろう。しかし、Bさんが狙っているように、IR敷地外で新たな下半身ビジネスが誕生する可能性は高い。

昔から、「飲む・打つ・買う」は三点セットで語られてきた。IR内では、レストランやバーで「飲む」＝お酒＝の提供がある。「打つ」＝博打＝は、カジノエリアで合法化されている。残る「買う」＝買春＝だけが、なしのままでいられるだろうか。マカオも含め生々しい現場を経験してきた僕は、かなり厳しいと認識する。

オンラインカジノの台頭

風紀の乱れ以外に、海外事例から踏まえたいことがある。オンラインカジノの台頭だ。コロナ禍の三年間で、世界のオンライン化は進んだ。僕もオンライン上での取材やミーティングが普通となった。

こうした波は、ギャンブルの世界も同様だ。日本人には馴染みがないが、海外では野球やアメリカンフットボール、テニスなどのスポーツイベントの結果に賭ける「スポーツベッティング」が盛んだ。オンライン上でのカジノや、そのスポーツベッティングなどを合わせて、「オンラインギャンブル」と呼んでいる。

インドを拠点とした調査会社ＩＭＡＲＣグループが二〇二三年にまとめたデータによると、世界のオンラインギャンブル市場（二〇二二年）は七九八億ドル。同年一二月につけていた一ドル＝一三五円計算だと、約一〇兆七七三〇億円にもなる。それが六年後の二〇二八年には、一・六八倍の一三三九億ドル（約一八兆七六五億円）まで成長すると試算している。先進国でオンラインギャンブルが合法化されている背景などがあり、かなりのペースで積み上がる見込みだ。

国内でも、同じくオンラインの波が来ている。経済産業省が二〇二三年五月にまとめた「競輪・オートレース業界の現状と課題」を参照する。なお、競輪・オートレースに競馬・競艇を加えた四つは、公営ギャンブルとして政府に認められている。その一つ、競輪の二〇二二年度の売上高は中期基本方針の目標額である一兆円を超える一兆九〇八億円。理由として「コロナ禍における在宅需要の高まりを背景としたインターネット投票の伸び」が挙げられた。オートレースの同年度の売上高も一〇七五億円で、目標額を二五億円上回った。こちらも「インターネット投票の伸びを背景に緩やかに回復」とされた。

市場を広げているオンラインカジノは、ネットを通じてパソコンやスマホ、タブレット上で実際のカジノで行われているようなゲームができる。チップ購入はクレジットカード決済などで行う。ネット検索すればいくつも引っ掛かるし、盛んに広告も打たれている。

新型コロナウイルスが流行した二〇二〇年、感染防止のために世界中で「巣ごもり生活」が起き、ゲームが人気となった。任天堂のゲーム「あつまれ　どうぶつの森」（あつ森）が大人気となり、ニュースでも度々取り上げられた。「あつ森」のように広く知られることはなかったが、オンラインカジノも着実に愛好者を増やした。

なお、海外のオンラインカジノへの参加については「グレー」との誤った認識が広がっているが、政府は「違法」と明言している。警察庁・消費者庁はサイトに「日本国内ではオンラインカジノに接続して賭博を行うことは犯罪です」と記したポスターを掲載。「『知らなかった』では済まされません！」「賭博罪　賭博をした者は、五〇万円以下の罰金又は科料」「常習賭博罪　常習として賭博をした者は、三年以下の懲役」と警告している。

しかし、こうした注意にもかかわらず、利用者は後を絶たない。例えば、二〇二二年四月に山口県阿武町（あぶちょう）が同町の住民に給付金四六三〇万円を誤送金した事件。同年五月に逮捕された男性（当時二四歳）は「ネットカジノで使った」と供述した。ひょんなところから存在があらわになるほど、「やっている人はやっている」のがオンラインカジノと言えよう。

その伸長に注目するのが「カジノいらない！東京連絡会」のオンライン学習会にも呼ば

れていた静岡大学教授の鳥畑与一氏だ。同氏は二〇二三年四月にアップされた大阪の地元紙「大阪日日新聞」（同年七月で休刊）ネット版のインタビューで、「ギャンブルはスマホを通じたオンラインの世界にどんどん移行していく」と指摘。そして、大阪IRに次のように疑問を呈している。

「ハコモノに巨額の投資を行い、絶えずリノベーションを迫られる地上型カジノはもうからないと事業者が投資家に説明している。（長期的な展望のない）ビジネスに大阪の運命を預けていいのかという話になる」

ラスベガスのカジノディーラーの異論

IRにできるカジノは、地上型カジノ、ランドカジノと呼ばれる種類だ。オンラインカジノの台頭で、ランドカジノは消えゆく運命にあるのか。この問いを、米国ラスベガスのカジノで働く男性C氏にぶつけてみた。米国で生まれ育ったC氏の両親は日本人。米国でも名の通ったカジノのポーカールームで働きつつ、自身もプレイヤーとしてポーカーゲームを楽しむ。カジノ専門学校で学んだ後、カジノホテルで働いている。日米では時差があるがオンラインで、長時間のインタビューに二回も応じてくれた。最初は二〇二〇年夏で、二回目は二〇二三年秋だ。

Ｃ氏は二〇二〇年夏時点では、あるカジノホテルのポーカールームでフロアスーパーバイザー（ＳＶ）兼ディーラーとして働いていた。ＳＶはポーカールームに陣取り、お客を希望に添ったテーブルに案内したり、トラブル発生時に仲裁したりする。

そのホテルは新型コロナウイルスへの感染防止のため、二〇二〇年三月中旬から六月上旬まで一時閉鎖となった。時間ができたＣ氏は、頻繁に私的にオンラインポーカーで遊んだ。その最中、他のプレイヤーたちから、「早くベガスが復活して欲しい」との声を度々聞いた。

実際、同年六月中旬に再開すると「予想していたよりも、どっと戻ってきた」。それまでは一台につき九人が一緒にプレーし、お互いのチップを奪い合ってきた。それを感染対策として六人にまで減らし、間にアクリル板を設置。ディーラーはマスクを着用し、消毒を徹底したほか、プレー客以外の観戦を禁じた。こうした窮屈な状況下でもとにかく混み合い、平均一～二時間待たないとプレーできないほどとなった。

再開翌月には混雑も落ち着いたが、その後もどこのポーカールームもそれなりに賑わっているという。コロナ収束が全く見えていなかった二〇二〇年夏時点で、C氏は「ランドカジノが元通りになるのは時間の問題」との見解を示していた。

C氏によるとランドカジノには、レクリエイショナルプレイヤーと呼ばれる客層がいて、娯楽としてカジノを楽しむお客を指す。彼らにとっては、「ギャンブルをする時、生のチップやトランプに触れることに意味がある」（C氏）。そして、彼らのランドカジノでの楽しみ方を、こう教えてくれた。

「レクリエイショナルプレイヤーの方々は、ディーラーや周囲のプレイヤーとの交流も目的で、ランドカジノに来ます。オンラインでは満たせないし、デジタルのチップやカードは味気ないと言います」

二〇二一年夏、C氏は別のカジノホテルに転職した。今度はSV専門となり、一つ立場がランクアップした。二〇二三年秋の取材では、この二年超のラスベガスの客入りを聞いた。米国の多くのポーカールームでは「Bravo」（ブラボ）というアプリを使いテーブル管理をしている。それを開くと、どこのルームで、どんな種類のポーカーがどんなレートで行われているのかが分かるという。お客はルームを選ぶ際の参考とし、C氏のようなスタッフはライバル店の動向が分かる。それを日々チェックしてきた実感として、次のように振り返った。

「お客は二〇二〇年を底にして二〇二一年で復活しました。二〇二二年からはコロナ前よりも賑わっているぐらいです」

C氏が参考材料になると教えてくれたのが、ポーカーの世界的トーナメント「ワールド・シリーズ・オブ・ポーカー」（WSOP）のメインイベントの参加者数の変化だ。同イベントでは、世界中からラスベガスにプレイヤーが集まってくる。コロナ前の二〇一九年は八五六九人だったのが、二〇二〇年には一三七九人まで落ち込む。しかし、その後は、二〇二一年・六六五〇人→二〇二二年・八六六三人→二〇二三年・一万四三人と初の一万人超えとなっている。

別のデータでも、米国カジノの賑わいが分かる。「フォーブス・ジャパン」のサイトに出た記事（二〇二二年二月二七日）を引用する。「米国賭博協会（AGA）の報告書によると、全米のカジノやギャンブルアプリの二〇二一年の売上高は五三〇億ドル（約六兆八〇〇億円）に達した」。これは、コロナ前の「二〇一九年に記録していた数字を二一％上回り、過去最高を更新した」。そして、その分析として次のような解説が添えられている。
「最近はスマートフォンなどのアプリを用いたスポーツ賭博が注目されがちだが、昨年の売上高の伸びを牽引したのは本人が賭場などに足を運んで興じる従来型のギャンブルだった」

　僕がＡＧＡ（American Gaming Association）のサイトをチェックしてみると、二〇二二年の売上高は六〇四億ドルになっていた。ＡＧＡは「二年連続で記録的な収益を上げた」と誇り、「二〇二二年の米国ゲーミング収入総額は、全米インディアン・ゲーミング協会の報告による部族ゲーミング収入と合わせると、初めて一〇〇〇億ドルを超える可能性が高い」と報告している。米国では先住民族であるインディアンが保留地でカジノ経営をしており、トライバルカジノと呼ばれる。そこから上がってくる「部族ゲーミング収入」は、ラスベガスなどで豪華ホテルを経営するコマーシャル（商業）カジノからの収入と統計上分けられている。なお、この一〇〇〇億ドルという数字は、全米でのビール売上に匹敵するとのことだ。

C氏は二回目の取材でも、オンラインと比較した時のランドカジノの魅力を強調した。

「僕も時々オンラインでポーカーをしますが、勝った時の嬉しさは、画面上の点数が増えるより実際のチップのほうが勝ります。カジノ独特の華やかな雰囲気を楽しみながら周囲との交流もできるランドカジノのポーカー体験は、オンラインでは絶対に得られないものです」

C氏の父親は関西出身で、妻も大阪出身だという。将来的には大阪IRにできるカジノで働くことを希望している。本場ラスベガスの二つのカジノホテルで経験を積んだC氏は、大阪のカジノではSV以上の職位で迎えられそうだ。日英両語をネイティブとして使いこなし、人当たりも良いだけに「ポーカールームの顔」になるかもしれない。

マカオのジャンケット

「法人的博彩中介人准照」

二〇二三年冬、僕の個人Gmailにこのような記載を含むPDF画像四枚が届いた。送り主は、五〇代の日本人男性Xさん。メールをもらった少し前、マカオに視察に行ったB

さんの仲介で知り合い、取材した。この画像は、Xさんがマカオのジャンケットライセンスを保有している証拠だ。冒頭の一文は中国語で、訳すと「法人向けゲームプロモーターライセンス」となる。

「ジャンケット」もまた、カジノ関連の専門用語。政府はIRの法整備を進める段階で、「いわゆる『ジャンケット』について」の資料をまとめている（二〇一七年七月の「特定複合観光施設区域整備推進会議」議事次第）。これによると、ジャンケットは以下の三つのサービスを担う。

①特に富裕層を対象に誘客などのマーケティングを行う。場合によっては、カジノ事業者に代わって「コンプ」（筆者注：得意客に対する無料宿泊などの還元）を提供
②カジノ事業者との契約により、カジノフロア等を借り、顧客相手にカジノを行う
③カジノ事業者から借入を行う等により、施設内で顧客に貸付けを行い、回収もする

日本政府はカジノに対して、「世界最高水準の規制」を導入するとしている。となると、

ジャンケットが提供するサービスとは相性が悪く、禁止とされた。しかし、先行する海外では一定数存在し、特にマカオで発展してきた。

Xさんは、そのマカオでジャンケットライセンスを持つ。マカオは二〇〇二年、スタンレー・ホー氏率いる一社独占体制から外資にもカジノを開放した。これ以降を「マカオ新時代」「新マカオ」と呼ぶが、かの地でジャンケットライセンスを取得した日本人はXさんが初という。その貴重なライセンス証の実物写真を送ってくれた。

Xさんは「偶然と出会いが重なり、ジャンケットになった」。学校卒業後、東北の自治体で公務員として働いていたが、ビジネスをしようと一九九〇年に上京。じきにエンタメ業界との接点を持つ。一九九七年から日系企業がマカオに造る商業施設のアミューズメントゾーンづくりに参加する。そして二〇〇五年、香港(ホンコン)系カジノ企業がマカオで仕掛ける巨大エンタメ空間の総合プランナーになり、マカオのカジノ業界とのパイプを太くした。二年後の二〇〇七年、マカオの主要カジノと契約し、ジャンケット業務を開始する。

そして、マカオがカジノ売上を伸ばす二〇一〇年代にかけ、数々の日本人をマカオのカジノに送り込んだ。一回の訪澳で一〇億円以上も使いカジノ側から「ホエール」(鯨)と呼ばれた経営者や、広く知られた芸能人、プロスポーツ選手が顧客リストに名を連ねた。「マカオが伸びた時代で、カジノに来たい富裕層が紹介で次々と来ました」。エネルギッシュなXさんには、ハマる仕事だった。その後、新型コロナウイルスで仕事は減ったが、今もライセンスを維持している。

富裕層がまさに湯水のごとく散財する様子を見てきたXさんは、カジノを「金持ちからお金を吸い上げるポンプ」と表現する。

「富裕層にいくら課税しようとしても、非課税とか税金が安い国に逃げてしまう。だけども、カジノならば彼らは喜んで使う。カジノで吸い上げたお金を他の人たちに還元させるシャワーのような装置だと割り切って、日本もカジノを造ればいいのです」

Xさんは、ジャンケットと呼ばなくても似たようなギリギリ合法な仕組みが日本でもできると見立てる。そして、一定数のアジア圏の富裕層が大阪ＩＲに来ると予想する。

では、その舞台となる大阪ＩＲは、どのようなものになっていくのだろうか。次の第三章で、その詳細を明らかにしていこう。

第三章　先行地・大阪の計画とは

ついに出た整備計画の認定

「ＩＲは、国内外から多くの観光客を呼び込むものとして、我が国が観光立国を推進する上で重要な取組です。大阪のＩＲについては、二〇二五年の大阪・関西万博の開催後の関西圏の発展や我が国の成長に寄与するとともに、日本の魅力を世界に発信する観光拠点となることが期待されています」

二〇二三年四月一四日、首相の岸田文雄氏は官邸で開かれたＩＲ推進本部の会合で、こう語った。この日、国土交通大臣の斉藤鉄夫氏が大阪府と大阪市によるＩＲ整備計画を認定した。府市は二〇二二年四月に申請を提出している。当初はもっと早く「ＧＯが出る」

見込みだったが、長引いた。地域政党である大阪維新の会が府市のダブル選挙で圧勝したのが、政府が認定を出した五日前の四月九日。選挙では「カジノの是非」が争点となっただけに、その結果を待って政府が手続きを進めたと考えるのが自然だ。

カジノ管理委員会からカジノ免許を得るなどした後、大阪IRは二〇三〇年秋頃の開業を目指す。これまでも開業三年目の来訪者数を約一九八七万人と見込んでいることなどは示したが、詳細には触れてこなかった。前章で示したシンガポールの事例を踏まえれば、読者もIRをイメージしやすくなっているはずだ。この章でまとめて紹介する。

まず押さえたいのは、その立地だ。左ページの上の地図にあるように、大阪湾に浮かぶ人工島「夢洲」が舞台となる。広さは約三九〇万平方メートル。東京ドームの面積は四万六七五五平方メートルだから、約八三・四個分となる。僕が過去、この広大な用地を訪問した様子については後述したい。そして、夢洲は二〇二五年開催予定の大阪・関西万博の会場でもある。左の下の地図を参照してもらえば分かるように、南側約一五五万平方メートルを万博会場予定地とし、北側約五〇万平方メートルをIR建設予定地にあてる。

具体的には大阪市が日本MGMリゾーツとオリックスを中核企業とする「大阪IR株式

会社」に土地を貸し出す。年二五億円で三五年間貸し出す定期借地契約が結ばれた。

ただし、この夢洲はＩＲ用地として問題含みだ。夢洲は「良好な都市環境の保全や公害防止、大阪港の機能強化を目的として、廃棄物、建設工事に伴う陸上発生残土、浚渫土砂の受入を行っている」（大阪市の「夢洲土地造成事業」調書付属資料）。

そのためＩＲ建設を進めるためには、有害物質の除去や液状化対策が必要となる。府市

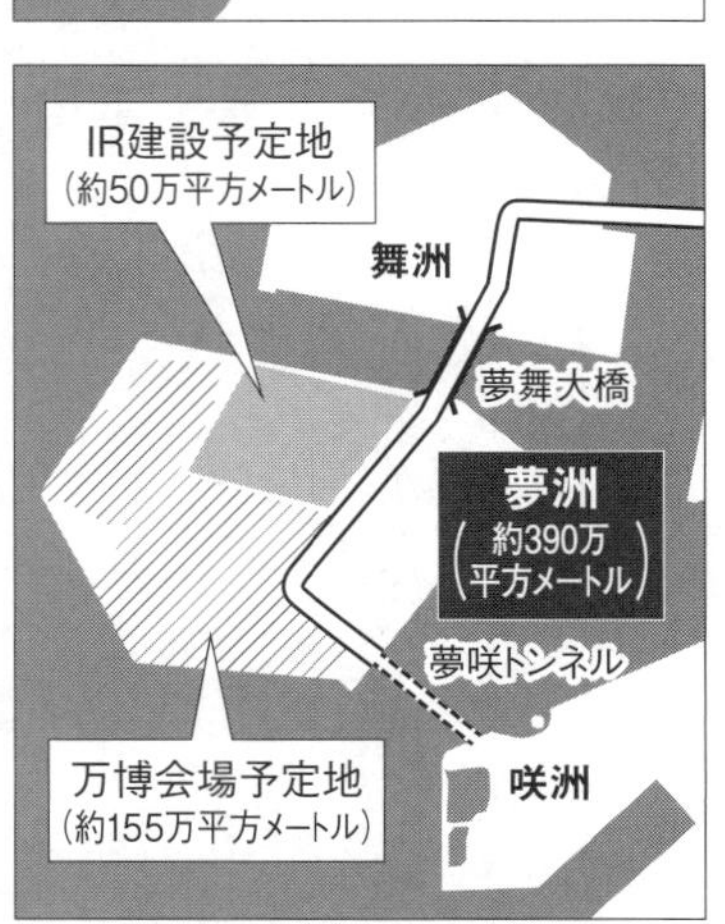

（上）IR建設予定地の夢洲の所在地。（下）夢洲でのIR建設予定地と万博会場予定地。（下）は、大阪IRの整備計画や「2025年日本国際博覧会事後調査計画書」などから作成

は長らく「ＩＲには公金投入は必要ない」と説明し、民間資金だけで進めることを利点の一つに挙げてきた。しかし、ＩＲ事業者から求められ、土壌対策費として七八八億円を負担することになった。府市が要求を呑んだ背景には、ＩＲ事業者の公募に一社しか名乗り出なかったことが指摘されている。

さらに開業後の増築などで施設が拡張される場合、大阪市が追加の土壌対策費として最大で約二五七億円を想定していることが、二〇二三年九月に明らかになっている。二〇三〇年の開業時に駐車場や広場になる予定の一四万平方メートルと、拡張用の土地に見込む六万平方メートルの合計二〇万平方メートルが対象だ。順調に集客できれば、大阪ＩＲ株式会社としては追加投資をして、施設を広げたくなろう。二〇三〇年代に、この費用負担が注目される可能性は大いにある。

また、大阪市と大阪ＩＲ株式会社が結んだ「事業用定期借地権設定契約書」の骨子案には、気になる記述がある。「地盤沈下対策」の項目に、次の一文が出てくる。

「市が本件土地に使用した埋立材の原因により、通常の想定を著しく上回る大規模な地盤の沈下又は陥没が生じ、これらに起因して通常予測され得る程度を超える地盤沈下対策等が必要と見込まれる場合、一定条件の下、市がその費用を負担」

大阪湾内にある関西国際空港が一九九四年九月の開業以降、地盤沈下への対策を取り続けていることは知られている。どの程度が「通常の想定」の地盤沈下なのかは記載を見つけられなかったが、大阪ＩＲでも大阪市のさらなる負担が生じる懸念はぬぐえない。

悪しき前例もある。大阪・関西万博の会場建設費は二〇二三年一一月、当初想定の一・九倍となる最大二三五〇億円になる案が認められた。建設費は国・府市・経済界の三者が、等分に負担する。当初は一二五〇億円だったのが、二〇二〇年に一八五〇億円になり、さらに増額した。主催する「２０２５年日本国際博覧会協会」（万博協会）は、資材価格や労務単価などの物価上昇を理由にしているが、当初見込みの甘さを指摘されても仕方ない。

この土地をめぐっては、さらにもう一点、指摘事項がある。大阪市がＩＲ事業者に貸す土地の賃料が不当に安く設定されたなどとして、二〇二三年四月に住民一〇人が訴訟を起こした。原告らは、大阪市が賃料算定を不動産鑑定業者四社に依頼したところ、三社が一平方メートルあたり月四二八円で一致したことを問題視。この値段になったのは、「不自然な一致で、著しく安価に設定された不当な鑑定だ」と不服を申し立てた。

報道によると、この月四二八円の算定にあたり、鑑定業者は「ＩＲ事業は国内の実績もなく、考慮することは適切ではない」と二〇一九年夏、大阪市に説明したとされる。しかし、カジノや高級ホテルの売上を年間五二〇〇億円も見込む事業の効果を、賃料算定に含めなくていいものなのか。大いに疑問が残るだけに、訴訟の行方を注視したい。

オリックスも中核企業の一つ

ここから大阪ＩＲの概要をつかんでいこう。二〇二三年四月に府市と大阪ＩＲ株式会社によってつくられた「大阪・夢洲地区特定複合観光施設区域の整備に関する計画」（二〇二三年九月と二〇二四年四月に一部修正）をめくっていく。この整備計画から主要素を抜き出して、整理・作成したのが、左の表だ。適宜、参照しながら読み進めていただきたい。

まずはＩＲ事業者となる「大阪ＩＲ株式会社」を成す出資者から。日本ＭＧＭリゾーツとオリックスが約四一％ずつを担う中核株主で、残り約一七％は少数株主が持つ。関西企業（ＪＲ西日本・近鉄・京阪・南海など）を中心とする二二社がこれにあたる。

「はじめに」でもごく簡単に触れたが、日本ＭＧＭリゾーツは、米国のＭＧＭ社の子会社

大阪IR計画の概要	
出資者	日本MGMリゾーツ（約41％） オリックス（約41％） 少数株主（約17％）JR西日本、近鉄、京阪、南海など22社
投資規模	1兆2700億円 出資　7400億円 借入　5300億円
開業見込み	2030年秋頃
年間来訪者数（うち訪日外国人）	1987万人（629万人）
年間売上高（うちカジノ）	5200億円（4200億円）
自治体への納入金・納付金	1060億円

大阪IRの整備計画から作成

だ。同社のプレスリリース（二〇二三年四月）によると、日本のＩＲ市場への参入を目指し、ＭＧＭ社が二〇一四年九月に設立。東京に続き、二〇一九年一月には大阪市北区中之島に拠点を構えている。

なお一時期、日米外交筋での著名人物が日本ＭＧＭリゾーツの社長を務めていた。外交官として活躍し、二〇一七年にキャロライン・ケネディ駐日米国大使から引き継いで臨時代理大使となったこともあるジェイソン・ハイランド氏だ。同氏が二〇一九年に出版した『ＩＲで日本が変わる』を読むと、ＩＲ推進派の論理がつかめる。

では、親会社の米ＭＧＭ社は、どんな会社だろうか。同じリリースだと、同社は米国の代表的な株価指数の一つ「Ｓ＆Ｐ５００」の構成銘柄。ＩＲを世界で開発・運営し、三一のユニークなリゾートブランドを展開している。コロナ禍で米ＭＧＭ社は大打撃を受けたが、整備計画によると、それでも「潤沢な手元流動性（二〇二一年九月末時点の手元流動性は約六四億ドル）を有する」。さらに「資金拠出が主に想定される二〇二二年から二〇二五年までの間においても十分なフリーキャッシュ・フローを創出できる事業計画を有して」いる。

相方となるオリックスは、プロ野球チームを所有していることで知名度が高い。大阪発祥で関西国際空港や大阪国際空港（伊丹空港）、神戸空港、京セラドームなどの運営もしている。レンタカー会社として認識している読者もいるだろう。整備計画によると、二〇二一年九月末時点の手元流動性は約一兆七三七億円。オリックスもまた、出資金の約四一％にあたる約三〇六〇億円を十分に賄えると評価されている。

ただし、プロ野球チームを有する企業が、ＩＲ事業に参画することへの批判の声も上がっている。しかも、オリックスは二〇二三年シーズンにおいてパ・リーグ三連覇を果たし、人気も上昇中だ。ＩＲを成り立たせるのはカジノ、ようは来場者がギャンブルで負けたお金。他方、プロ野球選手はファンの子どもたちのあこがれとなり、大人にも元気を与える。

カジノとプロ野球は、いかにも組み合わせが悪い。

批判の声の一例を挙げてみる。ギャンブル依存症相談などに乗っている「大阪いちょうの会」は二〇二〇年三月、「オリックスはカジノ賭博事業から撤退せよ」と題する決議文書を定期総会の場で公表した。そこでは、オリックス・バファローズの以下の球団理念を「素晴らしい」と紹介している。

オリックス・バファローズは、
野球で、ファンに〝感動〟と〝興奮〟を届けます。
野球で、こどもたちの〝夢〟と〝希望〟を育みます。
野球で、地域社会の〝街づくり〟と〝人づくり〟に貢献します。
野球の力で。

そして、その後、「球団理念とカジノ賭博事業とは絶対に相容れないものである」と指摘。理由として「カジノ賭博にはギャンブル依存症の発生、教育、風俗環境の悪化、多重債務問題、暴力団の暗躍、マネーロンダリング、犯罪の助長などが必須である。こどもたちの〝夢〟と〝希望〟を育むプロ野球とカジノ賭博は正反対に位置するものである」と意見を述べている。

多額の納入金・納付金

これまでも触れてきたが、大阪ＩＲは開業三年目で国内約一三五八万人、海外約六二九万人、合計約一九八七万人の来訪者を見込んでいる。このうち、カジノへの来訪者を約一六一〇万人としている。大阪ＩＲに来た人々の約八一％がカジノに足を運ぶ計算だ。

これらの数字から、開業三年目での年間売上高を約五二〇〇億円、当期純利益を約八五〇億円とはじく。売上高の内訳はカジノが約四二〇〇億円で八割ほど、高級ホテルの売上など非カジノは約一〇〇〇億円とした。

府市に入るお金は、年間約一〇六〇億円を見込む。カジノでは日本人や日本在住の外国人から一回あたり六〇〇〇円の入場料を取る。半分は国に回り、半分が府市に入る。その入場料納入金が約三二〇億円。カジノ収益の一部からなる納付金約七四〇億円と合算すると約一〇六〇億円となり、それを府市で折半する。

府市は、この収入の一部をＩＲ内に還元していく。インフラの維持管理（年間約四億円）や消防力の強化（同約四億円）にとどまらない。ギャンブル依存症対策の充実・強化（同約一四億円）や、夢洲に新設する警察施設の設置・維持、防犯環境の整備やパトロールの強化（同約三三億円）にも使う。なお同対策への予算措置などについては、第五章で改めて詳述する。

整備計画通りだと、大阪市には年間五三〇億円が入る。同市が二〇二三年六月にまとめた「財政のあらまし」によると、同年度会計予算では、法人市民税が一一六五億円。その半分弱が、一気に増える計算となる。

ただし繰り返すが、このお金はカジノ客の負けが支える。博打ですったお金で財政を豊かにすることを、どう考えるか。カジノ・ＩＲに対する賛成と反対が分かれる一つのポイントになっている。

コンセプトは「結びの水都」

ここからは、大阪IRにできる施設を具体的に見ていこう。

大阪府のサイトには、大阪IR株式会社が提供したイメージ図が出ている。その中央部分に噴き出しているのは、噴水だろうか。米ラスベガスにあるカジノホテル「ベラージオ」でも、音楽に合わせた噴水ショーを売り物にしている。右側の建物は階段状になっていて個性的な外観だ。「転載禁止」のため、お見せできないのが残念だが、夢洲を大規模に開発することが分かる。

大阪IRのコンセプトは、「結びの水都」とされた。基本理念を「結び」とし、「人・モノ・投資、情報・才能」などあらゆるものを「結ぶ」結節点となることを意識している。さらに、大阪が「水都として発展してきた歴史」も加味した。

実際には敷地を四ゾーンに分けて開発する。その各ゾーンと、僕が考える注目施設を左の図表にまとめてみた。

西側を占めるのが、「イノベーション」ゾーンで、MICE施設が入る。収容人数が六〇〇〇人以上となる最大会議室（グランドボールルーム）を核として、中小の会議室（ボールルーム・多目的室など）も設置。合計で一万二〇〇〇人以上を収容できる。展示施設としては、約一万平方メートルのホールを二つ確保する。その間は可動間仕切りとし、ホールの天井高を八メートル以上にすることで、使い勝手の向上を目指す。

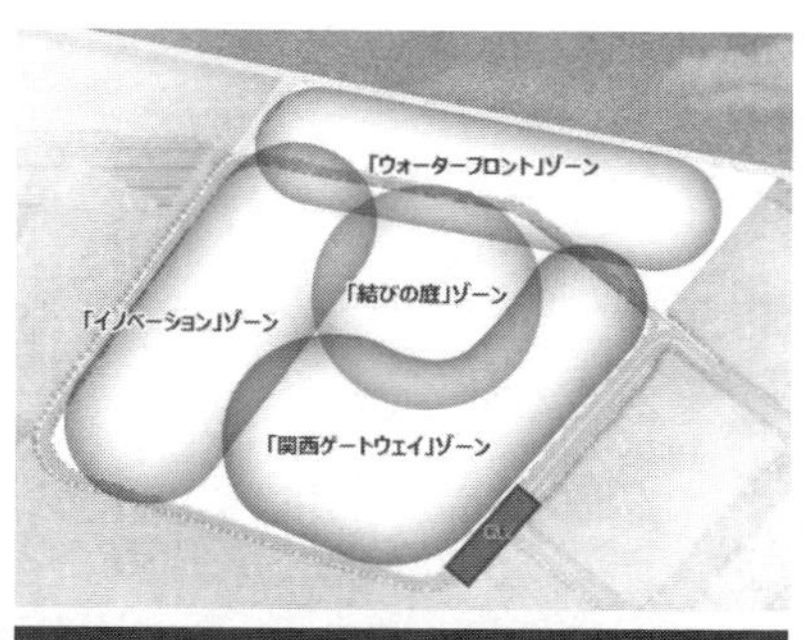

「イノベーション」ゾーン
MICE施設
国際会議場施設（1万2000人以上収容）
展示施設（2万平方メートル）
「ウォーターフロント」ゾーン
関西アート&カルチャーミュージアム
美術館、古典から現代的作品までをカバー
フェリーターミナル
海上アクセス網を整備
「結びの庭」ゾーン
大規模なオープンスペース
「関西ゲートウェイ」ゾーン
MGM大阪（エンターテイメントホテル）
〈カジノは1万1500人収容〉
テーブルゲーム　470台
電子ゲーム　6400台
〈ジャパン・フードパビリオン〉
大阪・関西の食文化を発信
〈夢洲シアター〉
劇場3500席
MUSUBIホテル（多世代型アクアリゾートホテル）
〈三道体験スタジオ〉
華道・茶道・香道を体験できる
関西ツーリズムセンター
ショーケース機能とコンシェルジュ機能

大阪IRの整備計画から4ゾーンの区分けを転載、注目施設は筆者が選定

この規模感は、どの程度になるのだろうか。既存施設として横浜市にあるパシフィコ横浜と比較する。そちらのメイン施設となる「国立大ホール」は、最大で五〇〇二席。「展示ホール」は、総面積二万平方メートル、天井高一三～一九メートルだ。このほか、一〇〇〇人収容の劇場式ホールなどもある。

パシフィコ横浜は、ＡＰＥＣ（アジア太平洋経済協力）やＴＩＣＡＤ（アフリカ開発会議）が日本で開かれる際の舞台になってきた。大阪ＩＲにできるＭＩＣＥ施設も、順調に建設されると同じような役割を果たせそうだ。

カジノは東南側エリアに

海に面した北側は「ウォーターフロント」ゾーンとなる。美術館の「関西アート＆カルチャーミュージアム」が配置され、古典的な芸術作品からメディアアートなどの現代的な作品までを幅広く扱う。外観は海の景色と調和した姿とする。同時にフェリーターミナルもできる。関西の交通事業者と連携しながら、海上アクセス網を整備する。

中央は「結びの庭」ゾーン。ほかの三つのゾーンに囲まれた形で、大規模なオープンスペースを確保する。イメージ図の「噴水」は、ここにできそうだ。「商業店舗等の小規模建築物を配置」とあるから、飲食物を購入してベンチに座りながら会話をする……。そんな使い方が想像できるし、親子連れに優しいゾーンになるかもしれない。

東側から南側を占め、最も面積が広そうなのが「関西ゲートウェイ」ゾーン。目玉となるのは、カジノを抱えるホテル「MGM大阪」だ。ホテルのグレードは「ラグジュアリー」で、「エンターテイメントホテル」としての特徴を有する。

注目のカジノ施設は、テーブルゲーム約四七〇台、電子ゲーム約六四〇〇台の配置を見込む。収容人数は一万一五〇〇人だ。テーブルゲームとは、ディーラーがいて、バカラやルーレットなどをプレーする台を意味する。対して電子ゲームは、スロットマシンやビデオポーカー、ビデオルーレットなどを指す。

既出のように、カジノはIR施設の床面積の三%までとするのが規則だ。整備計画の段階では、その暫定計画値を二万三一一五平方メートルとした。IR総床面積の同値は七七万五二五平方メートルのため、カジノは二・九九%となる。ギリギリで設計されている。

このカジノは消費額に応じ、「マス」「プレミア」「VIP」の三層のフロア構成となる。

低層階第一層がマスで、ゲーミングの消費額が「比較的低い来訪者」が対象だ。僕が将来、自腹で体験取材に行くとすれば、ここしかない。同第二層がプレミアで、消費額は「比較的高い来訪者」。VIPは、同第二層と高層階の二つのフロアにまたがる。「より静かでプライバシーを保てるVIPサロン」などを導入して、最優良顧客の満足度の向上を図る。

エントランスは八カ所とし、本人確認区画を含めたカジノ施設は外部からは見えないようにする。内装は「視覚的に空間を楽しむことができるデザインを導入」とあるから、海外カジノのようにゴージャスなものとなりそうだ。「設置方針」として「MGMのカジノ開発・運営の実績とノウハウを最大限活用」することも盛り込まれた。

このMGM大阪には、大阪・関西の食文化の魅力を伝える「ジャパン・フードパビリオン」も入る。フードホールから高級店まで揃え、食べ比べやオリジナル食器づくりなどの食文化体験プログラムも用意される。人気施設の筆頭候補といえよう。収容人員三五〇〇人の劇場「夢洲シアター」もでき、世界的アーティストによるコンサートなどを予定している。

関西ゲートウェイゾーンには、別棟で「MUSUBIホテル」も建つ。こちらは新ブランドのホテルで、「多世代型アクアリゾートホテル」としての特徴を持たせる。MGM大阪のスタンダード客室が約四五〜六〇平方メートルなのに対し、MUSUBIは約三〇〜四五平方メートル。比較すると値段は控えめとなり、利用者層も幅広くなりそうだ。僕の宿泊先も、ここが候補だ。

なお大阪IRには、「MGM大阪ヴィラ」というラグジュアリー客室しかない最上級ブランドも用意される。MGM大阪が暫定計画値で一八三〇室、MUSUBIが同六六〇室なのに対し、ヴィラはたった一〇室。超富裕層に絞っている。

先のMUSUBIホテルには、「三道体験スタジオ」も入る。三道とは日本の伝統文化である華道・茶道・香道を意味している。ライブ・パフォーマンスや参加型のイベント開催を予定しており、訪日外国人客にうけそうだ。

このゾーンには、「関西ツーリズムセンター」もできる。大阪・関西を中心に最新の交通・観光情報を紹介するショーケース機能と、旅行に関するコンシェルジュ機能を持たせる。

全部を紹介していては紙幅がいくらあっても足りない。主だった施設に絞ったが、これだけの分量となった。大阪ＩＲは巨額投資プロジェクトであり、統合型リゾートと呼ぶにふさわしい、多種多様な顔を持つ施設が揃うことになる。

審査委員会の評価は？

実は政府は整備計画の認定にあたり、外部有識者からなる審査委員会（特定複合観光施設区域整備計画審査委員会）を観光庁に設けた。観光や経済学の専門家ら八人がメンバーで、委員長は東京女子大学教授の竹内健蔵氏。うち一人にアルコール依存症など各種依存症の診療に取り組む、国立病院機構・久里浜（くりはま）医療センター院長の樋口（ひぐち）進氏も入った。ギャンブル依存症対策を意識したのだろう。

「率直な意見の交換及び意思決定の中立性を確保するため、区域整備計画の認定に関する審査委員会の会議は公開しない」とされた。そのため詳細は分からず、会議の内容は「議事要旨」から推測するしかない。初回は二〇二一年七月。二〇二二年四月に大阪と長崎からＩＲ整備計画が提出されると、同年五月の第七回からは「申請された区域整備計画の審査」をしている。二〇二三年四月七日まで合計二七回の会議を開き、結論を出したと見られるが、それ以降も開催を続けている。

先に大阪ＩＲができる夢洲の地盤問題に触れた。当然、認定審査でも、主要な議題の一つとなった。その対応として、地盤工学を専門とする教授二人と津波防災・高潮防災の教授一人の合計三人をオブザーバーとして迎えている。

二〇二三年四月に発表された「審査結果報告書」によると、配点と得点は次ページの表のようになった。審査対象は、①国際競争力の高い魅力ある滞在型観光の実現、②経済的社会的効果、③ＩＲ事業運営の能力・体制、④カジノ事業収益の活用、⑤カジノ施設の有害影響排除等の五分野。それらを二五項目に分けて、五点（交通利便性）〜一五〇点（依存症対策等）を配点し、合計一〇〇〇点にした。認定する条件として、六〇〇点以上を課している。

大阪ＩＲの獲得点数は、六五七・九点となった。僕の卒業大学は、成績を「優」「良」「可」「不可」で採点していた。「不可」は赤点扱いで、追試に受からないと、単位をもらえない。この基準で大阪ＩＲの結果を見ると、どう見ても「可」扱いだろう。

独断にならないためにも、大阪ＩＲが認定された翌日にあたる二〇二三年四月一五日の

大阪IRの審査結果					
			配点	得点	得点の割合(%)
①国際競争力の高い魅力ある滞在型観光の実現	IR区域全体	【1】コンセプト	30	18.0	60
		【2】建築物のデザイン	30	19.7	65.7
		【3】施設の規模	10	8.6	86
		【4】ユニバーサルデザイン等	30	18.9	63
	MICE施設	【5】MICE施設の規模	20	15.7	78.5
		【6】MICE施設の機能等	50	32.9	65.8
		【7】MICE施設の運営方針等	50	34.3	68.6
	魅力増進施設	【8】魅力増進施設	50	35.0	70
	送客施設	【9】送客施設	50	34.3	68.6
	宿泊施設	【10】宿泊施設の規模	20	14.9	74.5
		【11】レストラン等のサービス	10	7.1	71
		【12】宿泊施設のサービス内容・体制	30	21.9	73
	その他施設	【13】その他施設	30	19.3	64.3
	カジノ施設	【14】カジノ施設のデザイン等	20	11.1	55.5
	IR区域が整備される地域、関連する施策等	【15】交通利便性	5	3.7	74
		【16】交通アクセスの改善等	15	10.9	72.7
②経済的社会的効果		【17】観光への効果	50	29.3	58.6
		【18】地域経済への効果	50	37.1	74.2
		【19】2030年の政府の観光戦略の目標達成への貢献	50	32.9	65.8
③IR事業運営の能力・体制		【20】IR事業者等の事業遂行能力	50	37.9	75.8
		【21】財務の安定性	50	33.6	67.2
		【22】防災・減災対策、コロナ等の感染症対策	50	33.7	67.4
		【23】地域との良好な関係構築のための取組	50	27.1	54.2
④カジノ事業収益の活用		【24】カジノ事業の収益の活用	50	30.0	60
⑤カジノ施設の有害影響排除等		【25】依存症対策等	150	90.0	60
		合計点	1000	657.9	

大阪IRへの「審査結果報告書」から筆者作成。割合は筆者が算出

新聞を紹介する。読売は「ＩＲギリギリ合格」と見出しに取り、産経は「何とか及第点に届いた形だ」と記事に書いている。

試しに二五項目の得点割合（％）を算出し、表にも得点の右側に数字を記載した。最も高かったのは、「ＩＲ区域全体」の「【3】施設の規模」で、一〇点満点のうち八・六点で八六％だった。報告書の「審査の内容」では、シンガポールのＩＲ施設と比較していた。大阪ＩＲの延床面積は約七七万平方メートルで、敷地面積は約四九万平方メートル。対して、「マリーナベイ・サンズ」（ＭＢＳ）の開業時の延床面積は約六〇万平方メートル・敷地面積は約一九万平方メートル、「リゾート・ワールド・セントーサ」（ＲＷＳ）は同三四万平方メートルと同四九万平方メートル。「同規模以上であり（中略）日本を代表する観光施設にふさわしい十分なスケールを有している」点で高評価を得ていた。

付された七つの条件

最低割合の五四・二％となったのは、「【23】地域との良好な関係構築のための取組」だ。この項目や五五・五％しか取れなかった「【14】カジノ施設のデザイン等」などに対して、

大阪IRの認定に付された「七つの条件」

①	カジノ施設やIR全体の建築物のデザインに、審査委員会の意見を適切に反映させる
②	IR整備の効果の推計に関して、用いるデータの精緻化に取り組む。また、外国人来訪客の増加に向けた取り組みを行う
③	カジノ事業の収益を十分に非カジノ事業に投資する
④	地盤沈下については、継続的にモニタリングを実施し、想定以上に沈下した場合などの対応について十分に検討しておく。液状化と土壌汚染対策もしっかり検討する
⑤	地域との十分な双方向の対話の場を設け、良好な関係構築に継続的に努める
⑥	実効性のあるギャンブル依存症対策に取り組む。また、依存症が疑われる人の割合の調査を行い、その結果を踏まえて対策を定期的に検証。大阪府・大阪市とIR事業者が連携・協力して必要な措置を適切に講ずる
⑦	審査委員会の意見を十分に踏まえ、必要な充実を図りつつ区域整備計画の着実な実施と必要な見直しを行う

審査委員会がまとめた「付す条件」の文書（2023年4月14日付）から筆者が要約

審査委員会は認定にあたっての「七つの条件」を付した。

分かりやすいように要約した一覧表をつくった。【23】関連は⑤で、【14】は①で触れられている。

このうち②「IR整備の効果の推計」に関連して、「審査結果報告書」の「【17】観光への効果」では、厳しい意見が書かれている。開業三年目に約一九八七万人の来場者を見込むことについて、「裏打ち以上に意欲的な数字となっている面が見受けられる」。また、この数値を支えるカジノ来場者の推計方法には「根拠が明確でなく、十分な評価は困難」なものが含まれているとも指摘。ほかにも「細部設定や根拠の不明瞭さが一部見られ、算出数値の水準について一般的に納得されるには至らないものもある」とした。

「合格はさせたけど、提出資料には甘さが目立つし、注文をつけざるを得なかった」。平たくいうと審査委員会の判断は、こうなろう。大阪ＩＲは決して盤石な計画で、政府のゴーサインが出たわけではない。

ルポ・夢洲

コロナ下のとある週末の午前一〇時、僕は待ち合わせ場所として指定された大阪市住之江区のコスモスクエア駅にいた。八五ページに掲載した地図だと「夢洲」の東南にある「咲洲（さきしま）」に位置する。宿泊した同市中央区のビジネスホテルから、大阪メトロの谷町（たにまち）線と中央線を乗り継いでやってきた。コスモスクエア駅は中央線の大阪湾側の終着駅にあたる。

駅改札を出ると、「おおさか市民ネットワーク」代表の藤永延代（のぶよ）さんが待っていた。事前の電話でのやり取りと同じく、元気な関西弁で挨拶される。連れだって駅を出ると、乗用車が一台迎えに来た。「カジノ問題を考える大阪ネットワーク」代表で阪南大学教授（会計学）の桜田照雄さんが運転席にいた。この日は桜田さんの車で夢洲を視察できるように、藤永さんが段取りをつけてくれていた。もちろん事前に大阪市に届けを出し、許可も得ている。僕が助手席、藤永さんが後部席に座って出発する。道路を走る他の車はまばらだった。

咲洲から夢洲に向かう「夢咲トンネル」をくぐり、夢洲に上陸。しばらく車を走らせると万博やＩＲ予定地に入るための通行ゲートがあった。手続きをして中に入ると、「構内右側通行」の看板があった。工事用車両が通過することから、道幅は広い。舗装されていないが、土の道路はきちんと整地されていて乗用車でも難なく走れた。

道の左右には、雑草がたくましく生い茂っていた。走り始めてしばらくの地点で車を止める。ＩＲ建設予定地側を見ると、奥のほうに黄色い重機が一台ポツリ。まさに整地の最中なのだろう。山型にもられた土と平らにならされた土が、エリアごとに混在していた。北側のＩＲ建設予定地、南側の万博会場予定地共に、まだ建物は何もない。ただ単にだだっ広い空間だ。しかも、重機が動いていない週末だったことから、「寂寥（せきりょう）」との表現がはまる光景だった。大阪の中心地からさほど離れていない場所との実感は持てなかった。

汚水処理の現場も

二〇二三年八月三日、テレビ東京系の経済情報番組「ワールドビジネスサテライト」（WBS）で、夢洲の万博会場の様子が放送された。「建設現場の撮影が特別に許可された」として、万博への出展を予定しているパナソニックグループのパビリオン（展示館）の工事現場が登場した。「まだ二週間前に着工したばかり」で、基礎工事として鉄骨などを立てている段階だった。夢洲全体の引きの映像になっても、まだまだ更地状態の場所が多かった。

僕が足を運んだ時は、さらに何もなかった。写真を撮りビデオカメラを回していると、万博会場予定地の所々に棒が刺さっているのに気がつく。周囲には赤い円錐（えんすい）形のカラーコーンを配置し、明らかに目立たせている。藤永さんに尋ねると、「これは二区・三区の沈下測定の杭（くい）ですよ。西側の一区の管は、地中にたまるメタンガスなどのガスを放出する管です」。

夢洲の二区・三区は、建設残土や浚渫土砂で埋め立てられ、一区は一般家庭や事業所から出るゴミの焼却灰やスス、下水汚泥などが投棄されている。そこから有機物が発酵しメタンガスや硫化水素・一酸化炭素などのガスが出るので、それを抜くための管だという。

実際二〇二四年三月末、このメタンガスが原因とされる爆発事故が、万博会場で建設中のトイレ棟で起きた。けが人こそなかったが、夢洲の土地の安全性を問う声が改めてネットを中心に流れることとなった。

移動すると、IR予定地には水たまりがあった。たくさんの小さな野鳥が群れている。安全な場所に車を停め、歩いて海沿いに向かう。そこでは廃棄物の埋め立てによって生じる汚水を処理していた。フローティングエアレーターと呼ばれる廃水浄化設備で、水を空気にさらし、「曝気処理」をする。その装置が「ブゥーブゥー」という音を周囲に拡散していた。

この汚水処理場から細い歩道を隔てた反対側では、排水管の下で泡立つ水を目撃した。薬品処理によって生じる泡のようだ。歩道には、緑色のドラム缶が一〇個以上散乱していた。缶に書かれた名称は「流出油処理剤」で、天ぷら油などを固める薬剤だ。きっと、業務用廃油が持ち込まれていたのだろう。

戻って乗り込んだ車を走らせていると、今度はメガソーラーがある地点に到達した。

「大阪ひかりの森プロジェクト」として運営されている施設だ。後日サイトを見ると、「企業二〇社が参加してメガソーラーをつくる、日本で初めての取り組み」とのこと。発電規模は一万キロワット。「地盤が不安定な海面埋立処分場（一五ha）での発電事業の困難さを（中略）低減し、安定したメガソーラー発電を実現します」と謳っている。所々に赤い目印のようなものがあるのが気になった。藤永さんによると、パネルが修繕中であることを示すマークとのことだった。

対岸に舞洲を確認できる北側まで到達してから再度、来た道を戻ってきた。途中、地面から飛び出したガス抜き管の上に、鋭い鉤爪と茶色の羽、白い羽毛の立派な野鳥を見つける。望遠レンズで写真を撮っておいた。

帰宅してから確認すると、「ミサゴ」だと分かった。「魚鷹」と呼ばれるほど魚取りがうまい。英語名は「オスプレイ」。垂直離着陸できる米軍輸送機「オスプレイ」の名前は、この鳥から取られたという。二〇二三年一一月に同機が鹿児島県の屋久島沖で墜落事故を起こした際、思わぬ流れから仕入れたこの雑学を一人想起した。

夢洲は「毒饅頭がいっぱい」

夢洲の現地を離れてから、案内してくれた藤永さんに大阪IRに反対する理由を聞いた。藤永さんは、この取材からしばらく後、ある訴訟の原告の一人となり、大阪市を提訴している。それは、先に記したIR事業者への土地賃料が安すぎるとする裁判だ。夢洲の現場だけでなく、法廷や役所など各所に足を運ぶパワフルさに頭が下がる。

このインタビュー時にも藤永さんは、僕の質問に小気味よくポンポンと答えた。

――夢洲へのIR誘致に反対する理由を教えてください。

「私はね、カジノ事業もあるけど、拠点とする夢洲というゴミの島の安全性についてずっと言ってきているんです。私は『大阪廃棄物（ごみ）問題研究所』をつくって、三〇年以上、ゴミ問題を追及してきています。万博もそうですが、夢洲は多くの人を集める場所にはふさわしくないという立場です」

――夢洲は土地として何が問題ですか。

「メガソーラーがある西側は、大阪市域のゴミを燃やした後の焼却灰で埋め立てられています。ダイオキシンをはじめ有害物質がいっぱいですわ。二〇一九年四月、関西経済連合会は『夢洲まちづくり基本計画への提案』をまとめました。それによると、西側の場所は『グリーンテラス』（万博レガシー）として、活用することになっている。万博という期間限定ではなく、継続的に使うという考え方です」

「大阪市は、廃棄物処理法に基づく管理型最終処分場規則に則り、五〇センチの土を積むと言いますが、そんなんでいいような状態ではない。下に毒饅頭がいっぱいあるから、『上にカバーをしたらええ』ちゅうもんやない。本当に使うならば、相当の浄化をしないとあきません」

――夢洲はどうすればいいと。

「ゴミの埋め立て場所として延命するのがええ。さっき夢洲から『大阪湾フェニックス計画』による、大阪沖埋立処分場が見えたでしょう。この計画を進めていくと、ゴミ処理費用がかさみ、市民負担が間違いなく増えます。今あるメガソーラーぐらいはいいじゃないですか。けれど、夢洲はゴミ処分場として、そのまま置いておくほうが後世まで、うーんと役に立つ。そう考えています」

前述のように、「合格」を出した国の審査委員会も土壌汚染対策を求めている。問題意識は、藤永さんと同じだ。現場を見ただけに、僕も対策の必要性を感じる。

晴れた週末のこの夢洲滞在は、約一時間半だった。それから、しばらくの時間が経つが、あの寂寥たるだだっ広い空間の記憶は鮮明だ。藤永さんからは、「万博開催、ＩＲ開業と続くとしても、夢洲は『所詮コンテナヤードの軒先』」との言葉も聞いた。そうしたこともあり、僕はかの地が賑わい続ける様子をうまく想像できない。

しかも、万博もＩＲもその行く末は、まだまだ波乱含みだ。そのため、僕はどうしても夢洲の排水管から出ていた「泡立つ水」を思い出してしまう。そして、万博・大阪ＩＲ共に、一時（いっとき）の「バブル」に終わることを懸念する。

「お台場カジノ」からの関係者の心配とは

この章を執筆していた二〇二三年晩秋、二〇〇〇年代から日本へのカジノ誘致に動いてきた初老の男性Dさんに取材する機会を持った。

Dさんがカジノと接点を持ったのは、元都知事の石原慎太郎氏による「お台場カジノ構想」の実現に向けて実際に動いたからだという。その過程における著名政治家たちとのやり取りも明かしてくれたが、現時点では「まだ世に出せない」として掲載許可を取れなかった。この秘蔵ネタは、次の本への持ち越しとする。

大阪ＩＲが実現に向けて動き出したことについてDさんは、「本当にようやくですよね」と、強い思いを込めた。携わり始めた当初、カジノは「カジノ特区をつくれば、数年で一気に実現できると聞かされた」。関わっていた国内外のキーマンたちは、その言葉通りにできるであろう大物政治家や実力派経営者たちだった。

ところが動きを進めると、法整備が求められた。また、カジノに反対する世論も根強く、関連法案を通す国会審議も難航した。二〇一六年にＩＲ推進法、二〇一八年にＩＲ整備法の成立となったが、Dさんにとっては、この時点で「ずいぶんと時間がかかった」。さらに近年は新型コロナウイルスで動きが鈍くなった。先の「ようやく」発言の裏には、こうした時間の経過がある。

もちろんDさんは大阪IRを歓迎するが、万々歳というわけではない。両法をつくるにあたってのリサーチもしてきたDさんは、IRの実事業にも詳しい。その知見から分析すると、大阪IRにできるカジノが、「米国MGM社側に牛耳られて、日本側でコントロールできなくなるのではないか」と心配する。

MGM社は先に触れたように、カジノ運営に関するノウハウを積み上げている。時に興奮する現場の安全をどう確保するのか、カジノで毎晩動く巨額の現金をどう管理するのか。こうした課題や問題への対処は、MGM社頼りとなる。また、海外の一部では富裕層へのマーケティングや顧客管理を第二章で紹介したジャンケットが担う部分もあるが、日本は「ジャンケットなし」だ。必然的にMGM社が果たす役割は、大きくなる。

日本MGMリゾーツとオリックスは大阪IR株式会社に約四一%ずつ出資するが、こと稼ぎ頭となるカジノ運営はMGM社が主導する。すると、そこから上がっている収益を非カジノ分野に回す時、オリックスや府市が望む形になるのか……。こうした点を懸念する。

オリックスは一九六四年のリース事業からスタートし、先に紹介した空港運営に加え銀行、生命保険、環境エネルギー分野にまで事業を多角化させている。日本企業の中では、良い意味で「したたか」といえるが、カジノ・IRにおいてもその強みを生かせるだろうか。Dさんの懸念を僕も共有する。

現状、カジノの運営ノウハウを持つ日本企業は、ほとんどない。どこかから人材を引っ張ってこようとしても、なかなかに難しそうだ。カジノ関係者に知られた国内企業だと、フィリピンの首都マニラでIR施設「オカダ・マニラ」を運営する「ユニバーサルエンターテインメント」(以後、ユニバ社)がある。ユニバ社は、パチスロ・パチンコ機の製造・販売などから事業を発展させてきた。

また、韓国・仁川(インチョン)国際空港からほど近い韓国初の本格的IR施設「パラダイスシティ」の運営は、「セガサミーホールディングス」(以後、SSHD社)と韓国企業の合弁会社が担う。SSHD社は家庭用ゲーム機で知られたセガと、パチスロ・パチンコ機の製造・販売を手掛けていたサミーが一緒になり、二〇〇四年に発足。パラダイスシティを二〇一七年に開業させている。

実はユニバ社やSSHD社に先駆け、カジノ経営に乗り出した企業がある。日本企業とカジノの関係を歴史軸で捉えるため、しばし紙幅を割きたい。

いまだ現役のスロットマシン

二〇二三年一〇月下旬の休日の夕方、僕は山手線の北側に位置する都内の主要ターミナル駅近くを歩いていた。第一章で書いたバスツアー参加と「東京カジノ」候補地訪問を昼間に済ませた後だ。足を進めること約五分で、目的地のゲームセンター（以後、ゲーセン）に着きエスカレーターで三階まで上がる。するとそこに、お目当ての「スロットマシン」の「ＭＯＮＪＩＲＯＵ」があった。

特定の図柄を揃えると大当たりとなり、メダルなどが数倍、数十倍となって還元されるゲーム機だ。クラシックな機種だとフルーツや数字、トランプカードが表示される。しかし、この一台で使われているのは、八種類の犬のイラスト。独特の味わいがあるのは、やはりプロの手によるものだからに違いない。一九九〇年代に漫画雑誌「週刊モーニング」（講談社）で連載されていた「考える犬」（守村大〔しん〕）が元になっている。このＭＯＮＪＩＲＯＵは一九九九年に製品化され、全国のゲーセンなどに納入された。

このスロットマシンを手掛けた企業こそ、紹介したい株式会社シグマだ。同社は二〇〇七年六月に六七歳で亡くなった故・真鍋勝紀さんが創業した。真鍋さんは愛媛県立今治西高から慶應義塾大学法学部に進学。卒業後、外資系の貿易企業に就職するも二年弱で辞め、一九六四年にシグマの前身となるシグマ企業を設立する。

機械式で前後に揺れる「自動木馬」は、お分かりになるだろうか。その自動木馬やボタンで曲を指定して流す「ジュークボックス」を、酒屋などにリースする事業から始めた。一九六七年のシグマへの改組を経て、翌六八年にはボウリング場の一角でスロットマシンなどを稼働させるメダルゲーム事業に乗り出す。七一年に新宿・歌舞伎町に「ゲームファンタジア　ミラノ」（ミラノ店）を開業すると大ヒットした。

ラスベガスへ進出

シグマはミラノ店の成功を受け、各地に同様のゲーセンを開いていく。同時にメーカーから仕入れたゲーム機を配置・運営する「専業オペレーター」を脱するべく、ゲーム機の開発にも乗り出す。真鍋さんが著した『これからますます四次元ゲーム産業が面白い』は、狙いをこう記す。

「その頃、産業技術の分野では、コンピュータが急速に利用されつつあった。ハイテクの導入は、機械ゲームの世界でも必然である」

ここで真鍋さんが「機械ゲーム」と表現するのは、スロットマシンやピンボールなどの機械を使ったゲームのことだ。そしてシグマは、コンピューターで制御する競馬ゲーム「ザ・ダービー」シリーズの一号機「V0」を一九七五年に完成させる。後継機は、世界各国のカジノで使用されるようになった。また、スロットマシンやTVポーカーなどの開発も手掛けるようになり、シグマはカジノ市場での認知度を高めていく。

そして、いよいよラスベガスのある米ネバダ州に進出した。まずは、スロットマシンの老舗ミルズ社を通して、一九八三年四月からTVポーカーをカジノに販売した。ところが同年七月、同州法が改正され、カジノで使用するマシンはすべてライセンスを得たメーカーが製作すべきとなる。今よりも米国が遠い時代だったが、真鍋さんは、ライセンス取得の道を選ぶ。

苦労の末、ネバダ州外の海外企業としては初めて、カジノで使うマシン製造許可を受けた。一九八三年一〇月のことだ。そして、ライセンスを得てつくるマシンを直接販売するため、翌八四年一月、ラスベガスに現地法人「シグマ・ゲーム・インク」（ＳＧＩ）を設立した。

哲人経営者の思い切った一手

その一〇カ月前となる一九八三年三月、秋田出身の一人の女性がシグマに入社している。現在は、アミューズメント機器の輸出入や企画・開発などを手掛ける株式会社「フロック」で社長を務める高倉章子（しょうこ）さんだ。

高倉さんは一年の経理部勤務を経て、シグマの社内報「こみゅにてぃ」の担当となった。一〇年超にわたって広報業務も同時に担い、一九九四年から販売部に異動。当時、営業目線で提案したのが都内ゲーセンで現役稼働中のスロットマシン「ＭＯＮＪＩＲＯＵ」だ。

高倉さんによると、真鍋さんは「ゲーム業界きっての紳士で、哲学者のような感じでした」。経営者本はともするとは「成功自慢」で終わってしまうこともあるが、真鍋さんの著書は一線を画し、確かに哲学的雰囲気をまとっている。「第二章　人間を科学する」や「第六章　サービス業としてのゲーム場とその発展」には、真鍋さんの思索がかなりの分量で載っている。

髙倉さんの取材に同席した真鍋さんの長男の慶行さんは、生前の父親のことをこう振り返る。

「機械ゲームを通じて、人と人とのコミュニケーションをつくっていた。目先の利益よりも、人がどうすれば喜ぶのかを考えていました」

その哲人経営者が、一九八〇年代後半にラスベガスのカジノホテルの経営に乗り出した。

「カジノというゲーム場の変貌を見て、われわれの推進してきた機械ゲームの世界と重なり合う部分が大きくなったために、思い切って経営に乗り出した」（真鍋勝紀『これからますます四次元ゲーム産業が面白い』）。

運営したカジノホテルの名前は「パークホテル＆カジノ」。場所はラスベガスのダウンタウン地区の目ぬき通りから、少し外れたエリアだ。一六階建て約四三〇室の規模は、当時のラスベガスだと中規模程度。一九八七年九月三日に開いたＶＩＰパーティーには、ネバダ州知事などＶＩＰ一〇〇〇人を呼んだ。二七社もの報道陣も詰めかけた。

その日から二週間ほどして、髙倉さんも広報誌の執筆でラスベガス入りした。その後、何度もラスベガスを訪問する髙倉さんだが、この時が初だった。約一週間滞在し、ホテルの内外を精力的に取材した。ラスベガス市長のロナルド・ルーリーさんは、シグマの現地法人ＳＧＩの社員としても働いていた。そのルーリーさんらのインタビューをこなしつつ、別のホテルで行われていたショーの見学にも赴いた。

「シグマはカジノで世界に羽ばたくのだと、社員皆のモチベーションが一挙に上がりました」（髙倉さん）。カジノ効果が分かっていた真鍋さんは、勤続一〇年を超える社員たちをラスベガスに見学に向かわせた。

カジノ経営から撤退

しかし、海の向こうでのカジノホテルの経営は想像以上に難しかった。真鍋さんは先の自著で、次のように記している。「カジノはともかく、ホテル運営のノウハウまでは蓄積されていなかった」「悪戦苦闘して何とか収支的にはペイするところまで持っていったが、借入金とその利息まではまかないきれなかった」。

オープンから三年後の一九九〇年九月に売却し、カジノホテルの経営から撤収した。オープン時の華やかさからすると、実にあっけなく散った感じがする。髙倉さんに総括を聞いてみた。

「無謀だったかもしれませんが、私は失敗だったとは思いません。画期的な挑戦でした。真鍋さんは、致命傷にならないうちに勇気ある撤退をしましたし。そして何より、私たちは夢を見ることができた」

確かに「勇気ある撤退」だったのだろう。シグマはその後も順調に成長を続け、一九九八年に株式の公開を果たす。メダルゲームなどを展開する店舗は関東を中心に七〇店を超え、社員数も七〇〇人超となっていた。その前年の一九九七年にはラスベガスで開催されたエキスポで、シグマが開発展示したスロットマシンが圧倒的支持を集め、ナンバーワン・リールスロットマシンに選ばれている。自社開発したスロットマシンなどを取り引きするのは五〇カ国にも達し、売上高も二四〇億円近くになった。

しかし、その後、日本のゲームセンター業界全体に逆風が吹く時代となり、シグマは二〇〇〇年にパチンコ・パチスロメーカーのアルゼ社の傘下に入る。このアルゼは二〇〇九年、ユニバーサルエンターテインメントに社名を変更している。そう、先に紹介したようにフィリピン・マニラにあるＩＲ「オカダ・マニラ」を運営している会社だ。ラスベガスでのカジノ経営から撤退したシグマを迎え入れた会社が、後にフィリピンでカジノ経営に乗り出すのだから、歴史の巡り合わせは面白い。

取材の最後、髙倉さんに大阪ＩＲをどう捉えているか聞いてみた。「不夜城」たるラスベガスの楽しさを体験しているだけに、完成を楽しみにしているとのことだった。カジノは「大人の遊び場であり、娯楽、社交場」との認識を示しながら、こう語った。

「非日常に浸れる場として実現するのを心待ちにしています。私も何かしらの形で関われたら嬉しい」

シグマがラスベガスのあるネバダ州からカジノで使うマシン製造許可のライセンスを取得したのは、一九八三年一〇月。かたや大阪ＩＲの開業は二〇三〇年秋頃とされている。状況次第では後ろ倒しになる可能性もあるから、半世紀となる五〇年の月日が流れるかもしれない。本書の最初にあるＩＲをめぐる「主な動き」の年表は、一九九九年四月がスタートだ。しかし、それ以前の一九八〇年代からカジノ経営に挑戦した日本企業があったことは歴史的事実として知っておきたい。日本へのカジノ導入は何もぽっと出た話ではない。

賛成派・推進派は、彼らなりの考えのもと活動を重ねてきた。それらに対する評価を読者が下せるようになる材料を提示すべく、次章では再び近年の各地の動きについて記していく。

第四章　不認定の長崎、こけた和歌山・横浜

長崎県知事は「極めて遺憾」

官公庁の仕事納めが翌日に迫っていた二〇二三年一二月二七日、カジノ・ＩＲ関係で大きな動きがあった。長崎県が佐世保市に誘致を目指していた「長崎ＩＲ」について国が同日、不認定の結論を発表した。大阪ＩＲは同年四月に認定されていたが、同じく二〇二二年四月に申請を出していた長崎ＩＲは審査継続となっていた。

当然、長崎ＩＲの行方については僕も気になり、第一章に登場した自民党政治家にパイプがある実業家Ａさんにも、度々聞いていた。二〇二三年秋に会った時、Ａさんの見通しは「『不認定』をあえて出さず、棚ざらしのままではないか」。彼が持つ情報は多角的だし、

先を読む力もある。「不認定」とすれば長崎県側は反発する。だとすると、「曖昧戦略」は悪くない。僕はAさんの「棚ざらし」論に同調していたことから、この年末のニュースには驚いた。

同日午後に報道陣の前に姿を現した同県知事の大石賢吾(けんご)氏は、はっきりと不満を口にした。なお、大石氏は二〇二二年二月、当時の現職最年少の知事として三九歳で当選している。大石氏の得票は二三万九四一五票、四選を目指した七一歳の対立候補者は二三万八八七四票。わずか五四一票差での勝利で、「一票の重み」を痛感できる選挙だった。

「今回の審査結果に対しましては、極めて遺憾に思っております」

「我々としては資金調達に関して、不備があったとは思っておりません」

「我々としてはしっかりやっていたという認識でありますけれども、それが違うということなので、その差がはっきりしないと次のことは考えられないのではないかと思います」

佐世保市長の宮島大典(だいすけ)氏は同じくテレビカメラの前で、次のように話した。

「雇用に対しての影響、また投資による地元企業に対する影響、また経済効果などなど、さまざまな効果というものが予想されておりましたので、そうした意味ではやはり大きな打撃というものがあるという風にも認識しております」

長崎ＩＲは、九州観光の起爆剤になることが期待されてきた。そのため即日、九州経済連合会長の倉富純男氏もコメントを発表している。

「新型コロナウィルス終息と円安を背景にインバウンド客が大幅に回復してきている中、九州・長崎ＩＲは九州経済においても大いに寄与するプロジェクトとして期待していただけに、今回の決定は大変残念な結果となった」

「今後のことなどについては、長崎県や佐世保市の話を聞いて対処していきたい」

長崎県知事、佐世保市長、九州経済連合会長はそれぞれ「極めて遺憾」「大きな打撃」「大変残念」と無念さを語っている。しかし、この「不認定」結果は、惜しくも不合格となったのではなく、あっさり落とされたというのが実情だ。

判断を下したのは大阪ＩＲを認定したのと同じ、国土交通大臣が設置した外部有識者からなる審査委員会。同委員会は「不認定」の判断を下すにあたり「見解」をまとめている。文書二枚から一部抜粋・要約する。

1．資金調達の確実性を裏付ける根拠が十分であるとは言い難い。

・二〇二三年九月時点での出資・融資予定者は二〇二二年四月の申請時から大きく変わっている。

・一部の出資予定者から、「資金調達の確実性を裏付ける客観的な資料」（以下「レター」）が提出されていない。多くのレターが本来提出すべき相手方とは異なる者宛となっている。

・出資・融資予定者から提出されたレターは、法的拘束力がない又はそれに類するものが多いほか、出資・融資条件が過去出資・融資予定者だったが撤退した企業から提出されたレターのものと同程度に不明確な内容にとどまっている。

2．カジノ事業の収益の活用によるＩＲ事業の継続的な実施、カジノの有害な影響の排除に関する措置の適切な実施を裏付ける根拠が十分であるとは言い難い。

・カジノ・オーストリア・インターナショナル（以下「ＣＡＩ」）以外の出資予定者の中には、ＩＲの設置運営の実績・ノウハウを有する企業を確認できない。

・カジノ施設の設置運営の実績・ノウハウを有するＣＡＩに関しても、ＩＲの設置運営の実績については十分に確認できない。また、出資割合が極めて小さく、レターの確約の程度が十分ではないことから、CAIのIR事業への資本的関与が十分であるとは言い難い。

審査委員会は認定審査を二段階で構えている。IR整備法が求める「要求基準」を満たしているか判断した後、大阪IRの認定時に示されたような「評価基準」に従い判断する。大阪IRは両基準を突破したが、長崎IRは最初の要求基準でつまずいた。二つ目の評価基準にまで進めず、不認定が出された事実は重い。

それでも九州経済界からの期待も受ける長崎県は粘る。トップである大石氏にしても、そう簡単には引き下がれない。一定規模となる選挙では、報道各社が候補者にアンケートを実施する。大石氏は初当選した二〇二二年二月の選挙の立候補時から、IR賛成をはっきりさせていた。NHKのアンケートでは、IR誘致について「賛成／どちらかといえば賛成／どちらかといえば反対／反対」の四択で聞かれ、「賛成」を選んでいる。その理由はこうだ。

「佐世保・県北地域の経済活性化のため、カジノを含む統合型リゾート（ＩＲ）は必要と考えます。今回推薦を得ている自民党長崎県連の本部・与党自民党や日本維新の会など国ともしっかりと連携を強化し、ＩＲの県内誘致を確実に実現いたします。またＩＲに加えて、佐世保・県北地域の都市構想やにぎわい施策を立案いたします」

長崎県は二〇二四年一月一二日、国に対し一二項目の質問書を送付し、同月一八日までの回答を求めた。結局、国の回答は翌二月九日に届いたが、各項目に対する答えではなく、審査委員会の関係資料を送付してきた。さらに、大石氏は同月一六日に観光庁長官の髙橋一郎氏と面会したことも、県議会で自ら明らかにしている。

こうした動きと同時に、県は不認定が出た当初から行政不服審査請求の検討を続けた。知事の大石氏が不認定を「極めて遺憾」と評するのだから、県として当然の措置だろう。しかし、これも不発に終わる。県幹部は三月一三日、県議会の総務委員会で以下のような判断を示した。

「行政不服審査法に基づく審査請求及び、行政事件訴訟法に基づく処分の取り消しの訴えについては行わないことと致しました」

同時に計画の再申請については、多大なコストや労力、時間が必要となるため「相当程度ハードルが高い」との見解を示している。

地元紙「長崎新聞」ネット版では、これらの動きを「ＩＲ誘致の再挑戦　長崎県『相当ハードル高い』　国への不服審査請求は見送り」と伝えた。ブロック紙「西日本新聞」ネット版の見出しは、「長崎県、不服審査請求せず　ＩＲ整備計画不認定覆す見通しなく」だ。

何度か言及しているように、ＩＲ整備法は国内で最大三カ所までのＩＲを認めている。長崎県には再申請の道も残されている。しかし、この「ハードルが高い」発言を受けて、「ＩＲ誘致に終止符」（ＮＣＣ長崎文化放送）や「ＩＲ誘致断念」（ＮＢＣ長崎放送）としている報道もある。

確かに、再チャレンジの道は険しい。そもそも主力事業者からして、ＣＡＩ以外を見つける必要がありそうだ。そして九州経済界全体、特に福岡の有力企業を引き込み、資金の出し手になってもらう必要もある。

幻となってしまうかもしれない長崎ＩＲだが、カジノ・ＩＲをテーマとしている本書に

長崎IRの鳥瞰図。「九州・長崎特定複合観光施設区域整備計画」68ページから転載

は、その具体的計画を記録に残しておく必要がある。審査提出にまで至ったのは、大阪ＩＲとこの長崎ＩＲしかないからだ。そのため少し紙幅を割き、振り返っておく。

長崎ＩＲ計画とは

長崎県が二〇二二年四月に政府に提出した「九州・長崎特定複合観光施設区域整備計画」をもとに話を進めていく。上のイメージ図は、同計画から転載した。

予定地は、長崎県佐世保市のテーマパーク「ハウステンボス」（ＨＴＢ）に隣接する一団の土地（約三二万平方メートル）。長崎空港を抱える大村湾沿いとなる。

僕はプライベート旅行で同湾周辺を複数回訪問しているが、自然豊かで魅力的だ。海の幸、山の幸共に豊かで、食の魅力があふれている。

　ＩＲ区域全体のコンセプトは「～『Accept, Devise, Creation』～様々な文化を受け入れ、融合し、新しい価値を生み出す街～」を掲げた。

　ＩＲの延床面積は、暫定六四万二一〇〇平方メートル（これ以降の面積の数値もすべて暫定値）。主にカジノ行為に使われる区画は、一万八一〇六平方メートルとなる。カジノ区画が延床面積に占める割合は二・八二％で、もちろん法律で定められた三％までに収まっている。ここにディーラーがいてバカラやルーレットなどを楽しむ「テーブルゲーム」を約四〇〇台、スロットマシンなどの「電子ゲーム」を約三〇〇〇台導入する。

　ＭＩＣＥ施設はどうだろうか。国際会議場（約一万七六〇〇平方メートル）は約一万四四〇〇人、展示施設（約二万平方メートル）は三室合わせて約一万三〇〇〇人を収容する。宿泊施設は、①革新的なラグジュアリーホテル、②ヨーロッパ老舗ホテル、③現代ヨーロッパ風カジュアルホテル、④伝統的な温泉旅館の四タイプを用意。約二五〇〇室を整備し、うちスイートの比率は約二一％とした。

　この他、日本・九州の魅力を伝える「ジャパンハウス」も設ける。客席数約一七〇〇人の劇場「長崎佐世保座」や飲食スペースとなる「ジャパンマーケット」、九州・沖縄などの工芸品や陶器類を扱う「ジャパンセレクトショップ」もできる。

「工事完了、開業」の時期は、二〇二七年度の第2四半期（七〜九月）から第3四半期（一〇〜一二月）とした。大阪IRの開業予定が二〇三〇年秋頃だから、それよりも三年も早い。仮に認定にOKが出たとしても、二〇二七年度のオープンは、さすがに厳しかったのではないか。建設業界の人手不足は深刻さを増している上に、トラック運転手が不足するなどの物流の「二〇二四年問題」とも向き合わないといけないからだ。

なお開業五年目にあたる二〇三一年度の売上高は、約二七一六億円と試算している。このうちカジノからの収益にあたる「ゲーミング部門」は、七四%にあたる約二〇〇三億円。レストランやホテルなどの「ノンゲーミング部門」が二六%にあたる七一三億円との内訳だ。同年度の当期純利益は、約三〇二億円。来訪者は六七三万人（国内が五二一万人・訪日外国人が一五二万人）と見込む。

自治体への納入金・納付金（二〇三一年度）は入場料納入金分が約七七億円、納付金分が約三一四億円。この合計三九一億円は、IR区域の整備などに使われた後、社会福祉増進や地域経済・文化芸術の振興にも活用される。

ＩＲ事業者は、「ＫＹＵＳＨＵリゾーツジャパン株式会社」（長崎県佐世保市）だ。同計画では、先にも出てきたオーストリア国有企業ＣＡＩ傘下の日本子会社が中核となっている。

整備計画だと資金調達総額約四三八三億円のうち、出資金は約一七五三億円、残り約二六三〇億円は金融機関からの融資（借入）を当て込んだ。同計画の提出前から、長崎県議会で県議が「何といっても最大の課題は資金確保」と指摘するなど、資金面はネックだった。

大阪と長崎の整備計画を共に読み込むと、長崎の計画がコンセプトづくり

出資者	・カジノ・オーストリア・インターナショナル その他の多数の外資の出資者（80%） ・少数株主（国内企業）（20%）
場所	ハウステンボス（長崎県佐世保市）
投資規模	4,383億円 〔出資　1,753億円 借入　2,630億円〕
開業見込	2027年度第2四半期～第3四半期
年間来訪者数（うち訪日外国人）	673万人（151万人）
年間売上（うちカジノ）	2,716億円（2,003億円）
自治体への納入金・納付金	391億円

長崎IRの計画概要。観光庁の「IR区域整備計画について」から転載し、一部加筆

やカジノを含めた各種設計で著しく劣っているわけではない。ページ数においても、大阪の一八一ページに対し、長崎は二〇四ページと分量は多いぐらいだ。

それでも、やはりお金の部分に関して、長崎は弱い。大石氏は不認定となった二〇二三年一二月二七日夜、文書でのコメントも出している。そこには以下の一文が盛り込まれている。

「特に、不認定の理由として挙げられている資金調達の確実性については、金融機関や専門的アドバイザー等の意見を踏まえ、諸外国における同種のプロジェクトにおいて実務として提出されている同等の効力を持つ根拠資料を提出するとともに、出資・融資の構成に関しても審査期間が長期化する中で、金融情勢等を見ながら、寧ろ強化されたものであります」

「寧ろ強化」したのであれば、どうして審査委員会には理解されなかったのだろうか。評価する側に響かなければ、独りよがりの「強化」だったと言わざるを得ない。

同じく資金繰り懸念で断念したのが、和歌山だ。大阪ＩＲが維新のトップダウンで推進される中、和歌山は「関西二カ所目」としてＩＲ誘致を狙っていた。

読者の中には、大阪と和歌山二カ所もＩＲを造ってやっていけるのかと疑問を抱く方もいるだろう。シンガポールが国内に二つのＩＲを持つことは先に記した。都市型の「マリーナベイ・サンズ」（ＭＢＳ）とリゾート型の「リゾート・ワールド・セントーサ」（ＲＷＳ）は、共に人を集めている。両ＩＲを行き来して楽しむ客もいる。このシンガポールのような形で、和歌山ＩＲは大阪ＩＲとの共存共栄を目指した。

和歌山県が主体となり、場所は「和歌山マリーナシティ」（和歌山市）とした。同地は一九九四年に開かれた世界リゾート博にあわせてできた、和歌浦湾にある人工島だ。新型コロナウイルスの流行下だったある週末、僕は一泊二日の旅程で、この地に取材に出かけた。

マリーナシティどころか、和歌山県入りするのが初。一日目は、午後に自宅を出発し、和歌山駅前のホテルを目指す。東京在住のため、羽田空港から大阪湾にある関西国際空港まで飛んだ。そこからＪＲ線の関西空港線関空快速（京橋行）と阪和線快速（和歌山行）の二本を乗り継ぐ。関空から和歌山駅は約四〇分で、実にスムーズに到着した。僕の自宅から羽田空港に行くよりも、近いぐらい。関空からのアクセスの良さは、和歌山ＩＲの売りとなっていた。

翌朝、案内役をお願いした市民団体「ストップ！カジノ　和歌山の会」（二〇二四年四月に「住民自治をすすめる会」に改称）事務局の松坂美知子さんが運転する乗用車でマリーナシティに向かった。和歌山駅前から延びる「国体道路」を南下する。片側二車線の道路で、車の往来はそこそこ。県立医科大三葛（みかずら）キャンパスや紀三井寺（きみいでら）などの近くを通り過ぎる。一度右折した後は、茶色い堤防に沿って進んだ。車中からは直接目にすることはできなかったが、スマホの地図を確認すると和歌浦湾と表示された。砂浜が続く「浜の宮ビーチ」を経由する。

マリーナシティ北側にかかるサンブリッジに近づくと、景色がいきなり開放的になった。海が広がり、左前方に数本のビルが見える。晴天の青空に、黄色やクリーム色の建物が映えていた。目立った建物を後日確認すると、最上階の二八階に温泉露天風呂つき大浴場があるマンションだった。その一帯だけは、東京都心の駅前のよう。車が人工島区域に入り奥へと進むと、だだっ広い駐車場や未利用の土地があった。道のりは二〇分ほどだ。

「誘致に動きたくなる地」を歩く

「ストップ！カジノ　和歌山の会」は二〇二〇年二月に発足。和歌山県庁や和歌山市役所の前などで月三回、「カジノはあかん」と記された赤いのぼりを掲げる宣伝活動をしてきた。また、カジノ反対の署名集めも進めた。同年九月には「カジノ問題を考える和歌山ネットワーク」「和歌山カジノに反対する海南の会」との三団体合計で、県に署名一万六三四四筆を提出している。

僕の現地取材に合わせ、松坂さんらメンバーの男女五人が集まってくれた。挨拶を済ませた後、六人でＩＲ予定地の現場を歩く。

マリーナシティで最も目立つのが西側にある「ポルトヨーロッパ」。全国的な知名度はないが、なかなかの映えスポットのようだ。中世地中海の港街をモチーフにしたテーマパークとなっている。ヨーロッパの街並みは、「フランスの街並み」「イタリアの港街」「スペインの古城」の三エリアで構成している。東側エントランスに近い「パークパシフィーク」には、メリーゴーランドなども設けられていた。

そのポルトの外周を反時計回りに歩く。通路を挟んで反対側には、マグロのテーマパークを称する「黒潮市場」もあった。時間によっては、「生マグロの解体ショー」もあり、シニア層も楽しめそうだ。

「和歌山県特定複合観光施設設置運営事業実施方針（案）について」（二〇二〇年一一月六日修正版）を参照してみる。ＩＲ予定地は二三・六一ha。車で通ったサンブリッジから見えたマンション群や「紀州黒潮温泉」「黒潮市場」は対象外だが、「ポルトヨーロッパ」はそっくり入っていて取り壊す計画になっていた。

マリーナシティ東側の第一駐車場のあたりには、かなり車が停まっていた。自動車販売関係のイベントが開かれていて、それを目当てにマイカー族が集っている。反対に第二駐車場には、ほとんど車はなく、周辺にはさほど有効活用されてなさそうな土地が広がっていた。人工島らしく真っ平らなため、小高い場所から全体像の写真を撮ることができない。仕方がないのでサンブリッジに向かい、その中ほどからシャッターを切った。一時間ほど現場を歩き、「ＩＲ推進派ならば誘致に動きたくなる土地」との印象を抱いた。

その後、近くのカフェに移動し、メンバー五人に反対活動をする理由などを聞いた。車を出してくれた松坂さんは、和歌山生まれ。別の都市に住んでいた期間もあったが、親が一人暮らしとなったことから十数年前に戻ってきた。松坂さんは、懸念をこう訴えた。

「博打場ができることで、街が壊れてしまう。カジノがギャンブル依存症を生むことで、人が一人一人壊れ、家庭も壊れていく連鎖が起こっていくのではないか」

彼女が「人のぬくもりがあると言われる和歌山の街を守りたい」と続けると、他のメンバーも同調した。五人共に、カジノ反対への熱い思いを抱いていた。

その後、現地ではカジノ予定地を抱える和歌山市に対し、誘致の賛否を問う住民投票条例の制定を求める運動が展開される。横浜のケースで後ほど住民投票への一般的な流れを説明するが、和歌山では二〇二一年一一～一二月に関連する署名活動が行われ、カジノ誘致問題への関心が高まった。結局、この条例は制定には至らなかったが、署名活動に奔走した地元の山形由廣さんは、「和歌山市に対する運動だったけど、結果として県議会に大きな影響を与えたと思う」と振り返る。

二〇二二年四月二〇日、その県議会は本会議で国にＩＲの整備計画を提出する申請案を否決した。無記名投票で賛成一八、反対二二。わずかの差での決着だった。

想定されていた初期投資額は四七〇〇億円で、運営を担うのは二〇二一年七月に選ばれたクレアベスト・グループ（カナダ）。僕の訪問時はサンシティ・グループ（マカオ）が有力視されていたが、変わった。クレアベストは四七〇〇億円のうち七割を、金融大手クレディ・スイスが主幹事行となって調達するとされた。

しかし、県議会が求めてもクレアベストの日本法人と県は融資確約書を出せていなかった。県議の間で「資金計画がずさんだ」などの懸念が広がる。本会議の前日に開かれた県議会のIR対策特別委員会でも、賛成五、反対一〇で否決されていた。お金という先立つもののメドをきちんと立てられなかったことで誘致ストップとなったのは、長崎と全く同じだ。

二〇〇六年一二月に就任した知事の仁坂（にさか）吉伸氏は、ブレることなくIR誘致を進めてきた。「ストップ！カジノ　和歌山の会」メンバーは、仁坂氏の前のめりぶりに呆（あき）れや怒りを露（あら）わにしていた。現場取材時は県が反対世論を押し切るように感じていたが、どっこいそうはならなかった。

仁坂氏は二〇二二年五月一〇日、「和歌山IR否決のその後」と題した約六〇〇〇字にも及ぶ長文のメッセージを出している。その中で、県議会での否決について「残念」としながらも「法律に定める民主的手続きの一環でありますので、仕方がありません」と表現した。しかし、最後の段落では次の一文を盛り込んでいる。

「四七〇〇億円の投資額であった和歌山ＩＲは追求できないわけですが、和歌山県が未来永劫ＩＲを諦めてしまう必要もありません」

長崎県知事もしかり。一度、ＩＲ誘致の夢を見ると、なかなか諦めの心境にはならないようだ。

市長選で決着した横浜

和歌山と同じく「民主的手続きの一環」で、整備計画の提出まで至らなかった地域がもう一つある。一時、首都圏での最有力候補とされた横浜（ハマ）だ。

二〇二一年八月二二日夜、横浜市長選を制した山中竹春氏（当時四八）＝立憲民主推薦＝は、開票センターでこう宣言した。

「横浜市として、カジノ・ＩＲ誘致に関しては行わない宣言を早期に致します。その上で必要な手続きに入ります」

新型コロナウイルスの流行真っ只中だったことから、山中氏はスーツにマスク姿。NHKと民放テレビ局を一緒にしたマイク束を両手で握り、嗄れた声を絞り出した。時間は午後八時過ぎ。投票が締め切られた直後に、報道各社は「当選確実」（当確）を打っていた。

この宣言の直前、山中氏は壇上に支持者らと並び、万歳三唱に臨んだ。山中氏に向かって右側に陣取ったのは「ハマのドン」こと、藤木幸夫氏。横浜港周辺の港湾事業者で構成する「横浜港運協会」の会長を二〇二〇年六月に退任するまで二三年間務めるなどした、保守の実力者とされる人物だ。こちらの人物と選挙戦の様子は、集英社新書から出ている『ハマのドン』（松原文枝著）に詳しい。

新市長となった山中氏は先の言葉通りに二〇二一年九月、横浜市議会での所信表明でIR誘致の撤回を正式に表明した。こうして横浜市は、誘致業務を中止している。

この流れをつくった横浜市長選挙には、八人が立候補した。現職の林文子氏（同七五）や作家で元長野県知事の田中康夫氏（同六五）、前神奈川県知事の松沢成文氏（同六三）らだ。その中で、選挙戦序盤まで有力視されたのが元国家公安委員長の小此木八郎氏（同五六）だった。当時、横浜市選出の菅義偉氏は内閣総理大臣という最高権力者の地位にあった。その菅氏が全面支援したのが小此木氏。通常のシナリオだと、まず間違いなく勝つ。

しかし、選挙は時に筋書きのないドラマを生む。しかも、「当確」が投票締め切り直後に出たことからも分かるように、山中氏の圧勝だった。開票結果は当選した山中氏の五〇万六三九二票に対し、小此木氏は三二万五九四七票。小此木氏は山中氏の六四％ほどしか取れていない。まさかの惨敗という実に劇的な展開となった。

元自民党衆院議員の小此木氏は国家公安委員長という閣僚の地位を捨て、さらに「ＩＲ誘致の中止」を掲げて選挙戦に臨んだ。ＩＲ推進論者である菅氏を筆頭に、自民党は横浜でずっとＩＲ誘致の旗振り役を担ってきた。いきなり路線変更するという「禁じ手」を使ってまで市長の座を目指したが、それでもダメだった。

では、その選挙戦はどういうものだったのだろうか。

盛り上がりに欠ける印象

二〇二一年八月上旬、僕はハマでの熱い闘いの取材に向かった。選挙戦序盤に小此木陣営、山中陣営を回った。

小此木氏は、東急電鉄のたまプラーザ駅（横浜市青葉区）前で捕まえた。お盆前の盛夏の午後は、極めて蒸し暑い。小此木氏は白いマスクをした紺色のポロシャツ姿。エネルギッシュな五〇代、働き盛りの中年男性との印象を受けた。

小此木氏の選挙は、陰で菅氏が全力支援しているとされていた。そもそも小此木氏自身も横浜の有力議員で、祖父、父共に衆院議員。一九九三年に自らも衆院議員になり、二〇一七年まで実に八選を重ねていた。

複数の運動員たちが同駅前の人たちにビラを手渡し、小此木氏もマスク上の目を細めて愛嬌（あいきょう）を振りまく。応援する自民党系の政治家たちの姿もあった。しかし、通行人らはこぞってビラを受け取るような様子はない。候補者が人気の時に起きる人だかりもできない。この選挙戦序盤で、小此木氏が「先行」しているとの報道も出ていたが、僕はどうにも盛り上がりに欠ける印象を抱いた。

小此木氏は、ＩＲを推進してきた自民党でキャリアを築いてきた。市長選に立候補するにあたり、「ＩＲ誘致は取りやめる」と方向転換しても横浜市民としてはにわかには信じられない。その戸惑いが、この冷めた有権者の態度につながったのではないだろうか。

対する山中陣営の取材は、ＪＲ東日本の根岸線が通る港南台駅（横浜市港南区）で行った。こちらもたまプラーザ駅と同じく横浜のベッドタウンの一つ。山中氏も同じく白いマスク姿だったが、こちらは青系の長袖シャツを腕まくりしていた。四八歳という年齢以上に、かなりハツラツとした雰囲気をまとっている。

最終的に選挙戦を制した山中氏だったが、取材時は一般市民からの注目度はさほど高くなかった。マイクを握った時も周囲を囲んでいたのは、立憲民主党の選挙運動を長らく支えてきたと推測されるシニア層が中心だった。それでも山中氏の評価が非常に高かったことを、プラスポイントとして僕は取材ノートにメモしている。「コロナ専門家」としての経歴や、政治家としては若手となる四〇代である点などを支援者は称(たた)えていた。こうした高評価は、投票日に向けて山中氏が徐々に支持を伸ばす基盤となったに違いない。

さらにその二日後、今度は「ＩＲ誘致の推進」を掲げる林陣営の取材に向かった。市長だった林氏が新型コロナウイルス対策に注力するため街頭演説を急きょ中止したことから、別日に一度、空振りしていた。選挙は候補者本人がいるのといないのとでは、盛り上がりが全く違う。改めて林氏が街頭に来る時間を目指し、ＪＲ東日本の横浜線の中山駅（横浜市緑区）前で捉えた。自民党系の市議数人が林氏の支持に回っており、この日も同行者がいたが絶対数が少ない。菅氏が注力していた小此木陣営にははるかに及ばず、知名度では勝っていたはずの山中陣営よりも寂しかった。

僕は日記をつける習慣があるが、同日の欄には以下のように記している。

「（林陣営には）勢いを感じなかった。横浜ＩＲはここで終わりか」

反カジノのうねり

横浜市長選で山中氏が当選したのは、「ＩＲ誘致反対」が偏見を持たれず、市民に受け入れられたことが大きい。同じく反対を主張しても、自民党議員としての過去がある小此木氏と、大学教授からの転身でしがらみのない山中氏では、市民の反応が違うのは当然だ。

「読売新聞」ネット版が選挙戦の最中に報じた世論調査によると、ＩＲの横浜誘致は反対七三％に対し、賛成一八％。実に四倍以上の開きがある。二〇一九年八月に林氏が「白紙」から「ＩＲ誘致」に舵（かじ）を切って以降、報道各社は定期的に横浜市民に意識調査を実施している。例えば同年九月の神奈川新聞とＪＸ通信社による結果は、反対約六四％・賛成約二六％。林氏が率いる横浜市は、ＩＲ誘致への市民理解のため住民説明会を開くなどしてきたが、効果は出なかった。

この反カジノ・反ＩＲの流れは、選挙前から横浜では脈々と育てられてきた。この選挙戦に先立つ二〇二〇年秋、反対派のエネルギーは、ＩＲの是非を問う住民投票条例の制定を求める運動と林氏に対するリコール（解職）運動の二つに収斂（しゅうれん）した。リコール運動の署名活動は同年一〇月五日から一二月五日の二カ月で実施された。実現には約五〇万筆が必要だったが、約九万筆で終わった。他方、住民投票は必要な署名数を集め、手続きを一定程度進めることになった。本書では、運動が広がりを見せたこちらの動きに絞って紹介する。

住民投票が実施されるまでの一般的な流れを、ざっと押さえよう。住民たちは自分が住む地域で、あるテーマについて住民投票を行いたい場合、地方公共団体にその条例制定を直接請求する。具体的には、必要な数の署名を集め、地方公共団体に提出し、有効署名数が基準に達しているか審査される。到達していれば、地方公共団体のトップが自らの意見を付して議会に住民投票条例案を出す。議会が可決すれば、一定期間内に住民投票が実施される。ただし、この住民投票の結果には法的拘束力はない。必要となる署名を集めた上で、議会が可決しないと実際の住民投票実施には結びつかない点を、覚えておきたい。

この流れを横浜のケースに当てはめてみよう。横浜では二〇二〇年九月四日から一一月四日の二カ月、署名活動が行われた。当初は二〇二〇年四月二四日からの二カ月が想定されていたが、新型コロナウイルスの感染拡大で延期となった。活動を担ったのは市民団体「カジノの是非を決める横浜市民の会」(共同代表は藤田みちる氏、小林節氏)。基準となる有権者の五〇分の一だと、約六万二五〇〇筆が必要分だ。同会のサイトによると集めた署名は最終的に二〇万八七一九筆に至った。同年一一月一三日に横浜市内一八区の選挙管理委員会に名簿を提出し、このうち一九万三一九三筆が有効と判断された。必要署名数の約三倍にあたる。

ただし、住民投票の直接請求には、乗り越えないといけない「議会の壁」がある。先に「議会が可決すれば、一定期間内に住民投票が実施される」と手続きを記した。逆にいうと、議会が否決すればそこで終わりだ。

「横浜市民の会」は二〇二〇年一二月、横浜市長だった林氏に住民投票を実施する条例を制定するように請求。その林氏は二〇二一年一月、市議会に条例案を提出した際、「住民投票を実施することには意義を見出しがたい」などと反対する意見をつけている。市議会でさまざまな観点から議論が行われていることなどを、その理由とした。

そして横浜市議会は同年一月、同条例案を否決した。ＩＲ推進を容認する自民党系と公明党系の会派が過半数を占めていて、もともと可決されるとの見通しは薄かった。

「はじめに」でも記したが、コロナの感染拡大により、自治体が政府にＩＲの整備計画を申請する期間が九カ月延期されていた。当初は二〇二一年一月から七月だったのが、二〇二一年一〇月から二二年四月となった。

林氏の三期目任期は、二〇二一年八月末まで。この後ずれにより、整備計画を申請する前に市長選が開かれることとなる。当初の予定のままだったら、横浜市が申請を出した後の市長選だった。提出済みとの「既成事実」をつくれていれば、ＩＲ推進派は勢いを得ただろう。

横浜は二〇二一年八月に誕生した山中新市長のもとでＩＲ誘致をやめた。一時期は大阪と並びＩＲ誘致の最有力とされてきたが、二〇二二年四月に頓挫した和歌山よりも早い段階で、誘致レースから離脱した。

横浜のＩＲ推進派たちからは、コロナに対する恨み節が漏れ伝わる。それでも小説やドラマと違い、現実社会では過去にさかのぼって別のシナリオが進むことはない。ハマのこの事態は、「事実は小説よりも奇なり」との表現がぴたりと当てはまる。

第五章　ギャンブル依存症をどう捉えるか

大谷選手の通訳も

「一平さんがその時、ミーティングの時にギャンブル依存症だと知らなかったですし、彼が借金をしていることはもちろん知りませんでした。僕は彼の借金返済に同意していませんし、ブックメーカーに対して送金をしてくれと頼んだことも、許可したこともちろんないです」

二〇二四年三月二五日（日本時間二六日）、野球界のスーパースターで米大リーグ・ドジャースに所属する大谷翔平（しょうへい）氏は、集まった約一〇〇人の報道陣の前で、こう声明を発表した。

「一平さん」が、大谷氏の通訳を務めていた水原一平氏を指すことは、ほとんどの読者が分かっていることだろう。水原氏は大谷氏の米大リーグ挑戦に伴い、二〇一七年から専属通訳となる。投打二刀流で大活躍する大谷氏は二〇一八年以降、米国から明るい話題を届け続けた。大谷氏の人気が上がるにつれて、常に側（そば）にいる水原氏も知名度を高めた。彼は単なる通訳役にとどまらず、移動時には車の運転手役となり、グラウンドではキャッチボールの相手もしている。

打者専念となる二〇二四年シーズンを前に、大谷氏は同年二月に結婚を発表。三月中旬に妻との写真を公開している。この時、大谷氏がアップしたInstagram画像には、ドジャースチームメイトの山本由伸（よしのぶ）投手のほか水原氏の姿も一緒に映っている。

大谷氏を献身的に支えているとされてきただけに同年三月下旬、水原氏がドジャースに解雇されたというニュースは、我々を驚かせた。さらに複数の米メディアが、彼が違法賭博に関与したと報道したのだから、なおさらだ。水原氏は結局、大谷氏の口座から約一七〇〇万ドル（約二六億六〇〇〇万円）をだまし取ったとして銀行詐欺罪などで訴追された。そして、六月に米国の裁判所で開かれた罪状認否で、この訴追内容を認めている。

ここでは、水原氏問題の詳細を記すつもりはない。伝えたいのは大谷氏が述べたように、彼が「ギャンブル依存症」だという点だ。水原氏も違法賭博がキャリアや名声、大谷氏との信頼関係を失わせる危険な存在であったことは、百も承知だったはずだ。訴追された金額が約一七〇〇万ドルであることを踏まえると、ある程度まとまった期間にわたって手を染めた結果、巨額な借金を背負ったと推測するのが自然だ。水原氏も、何度も立ち直りを模索しただろう。それでも、できなかった。

「分かっちゃいるけどやめられない」

タバコ、アルコール、薬物を含め中毒性があるものから離れられないことを端的に指す言葉だ。水原氏も輝き続ける大谷氏の隣で、人知れずこの悪循環に陥っていた。

水原氏の一件は、ギャンブル依存症がもたらす人生の破滅を教えてくれている。「他山の石」としていくべき事例となるが、ギャンブル依存症者の支援団体らは、このずっと前から地道に啓蒙(けいもう)活動を続けている。改めてその事例を紹介してから、カジノとギャンブル依存症との関係考察に移りたい。

ツイッタードラマ

「それって『ギャンブル依存症あるある』だから」「あなたのご主人はね。ギャンブル依存症という立派な病気です」

タレントの青木さやかさん扮するアヤメが、相談に来た若い女性に告げる。驚いた女性は答える。「そんな依存症なんて。ただ、ギャンブルが好きすぎるだけで、実際にやめてた時期もありますし」。すると、アヤメがにやつき始める。ついには右手に持った大きなハンドベルをグルグルと回転させつつ、女性の手を取りながらこう告げた。

「LOST（ロスト）！　よく来たね」

ツイッタードラマ「ミセス・ロスト～インタベンショニスト・アヤメ～」の第一話の終わり四〇秒ほどを描写してみた。同ドラマは二〇二〇年五月の「ギャンブル等依存症問題啓発週間」に合わせて配信された。構成は一話約二分で全一一話。インタベンション（intervention）とは「介入」を意味する。ギャンブル依存症は「否認の病」と言われる。ギャンブラーは生活が立ちゆかなくなってもギャンブルをやめようとしない。それなのに自分でやめられるとの認知のゆがみを生じさせている。インタベンショニストは本人、家族に適切に介入することで回復過程に導く役割を担う。

ドラマでインタベンショニスト役となった青木さんも、過去にギャンブルにハマった時期がある。「婦人公論.jp」の連載「47歳、おんな、今日のところは『●●』として」では、パチンコ依存気味だった日々をつづった（二〇二〇年八月）。実家のある中部地方にいた頃は、「新台オープンの為に張り切って早朝に起き」、パチンコ店に向かった。「決してお金があったわけではないが」、パチンコの最中だけは「『1万円が100円』くらいの感覚になった」。上京後も、「当時の彼氏には『もうやめた』と嘘をつき、バイトに行くといってはパチンコに通った」。今でも「『やめられた』ではなく、『やめている』」状態だと、かなり率直に記す。

なお、先のドラマでの相談者の夫役は、俳優の高知東生さんが務めている。二〇一六年に覚醒剤の使用などで逮捕されてから俳優業に復帰する作品となった。

制作したのは公益社団法人「ギャンブル依存症問題を考える会」（東京都中央区、田中紀子代表）。ドラマの終わりには「お悩みの方はscga.jpまで」と出てくる、そのリンク先の

「ギャンブル障害 DSM-5を用いたチェックリスト」

1	興奮を得たいがために、賭け金の額を増やし賭博をする欲求がある。
2	賭博をするのを中断したり、または中止したりすると落ち着かなくなる。またはいらだつ。
3	賭博をするのを制限する、減らす、または中止したりするなどの努力を繰り返し、成功しなかったことがある。
4	しばしば賭博に心を奪われている(例:過去の賭博体験を再体験すること、ハンディをつけること、または次の賭けの計画を立てること、賭博をするための金銭を得る方法、を絶えず考えている)。
5	苦痛の気分(例:無気力、罪悪感、不安、抑うつ)のときに、賭博をすることが多い。
6	賭博で金をすった後、別の日にそれを取り戻しに帰ってくることが多い(失った金を"深追いする")。
7	賭博へののめり込みを隠すために、嘘をつく。
8	賭博のために、重要な人間関係、仕事、教育、または職業上の機会を危険にさらし、または失ったことがある。
9	賭博によって引き起こされた絶望的な経済状態を免れるために、他人に金を出してくれるよう頼る。

依存症ピアネット「ソーバーねっと」を参照し作成

団体だ。青木さんがドラマ第一話で「LOST!」と叫んだのは、同団体が開発したギャンブル依存症自己診断ツール「LOST」を指す。以下が意味するところだ。

Limitless(ギャンブルをする時には予算や時間の制限を決めない、決めても守れない)

Once again(ギャンブルに勝った時に「次のギャンブルに使おう」と考える)

Secret(ギャンブルをしたことを誰かに隠す)

Take money back(ギャンブルに負けた時にすぐに取り返したいと思う)

ドラマ第二話では、この四問中二問以上

に当てはまると、「ギャンブル依存症の可能性が高い」とされている。

同様のチェックリストには、国際的に広く使われている米国精神医学会の診断マニュアル「DSM－5」がある。九項目のうち四項目以上に当てはまると、「ギャンブル障害」と見なされる。依存症ピアネット「ソーバーねっと」が掲げるチェックリストにも使われている。

こうしたチェック項目からも、ギャンブル依存症がいかに泥沼状態に陥りやすいかを推測できよう。

統計データはどう示す

では、ギャンブル依存症に苦しんでいる日本国民はどの程度いるのだろうか。国立病院機構・久里浜医療センター（神奈川県横須賀市）は、ギャンブル依存症やアルコール依存症などの各種依存症に対して、最先端治療を提供している。同センターが二〇二一年八月にまとめた二〇二〇年度「依存症に関する調査研究事業『ギャンブル障害およびギャンブル関連問題の実態調査』報告書」を参照する。

この報告書の「調査の背景・目的」は、二〇一八年一〇月に施行となった「ギャンブル等依存症対策基本法」に基づくものだ。同法では「政府は、三年ごとに、ギャンブル等依存症問題の実態を明らかにするため必要な調査」を行うとされており、その初調査にあたる。このデータが、「今後の我が国におけるギャンブル等依存症対策を講じていく上での基礎資料」になるとも記されている。

　このうち全国住民調査は二〇二〇年一〇〜一二月、インターネットまたは郵送で実施。一八歳以上・七五歳未満の八二二三人（男性三九五五人・女性四二六八人）から回答を得た。過去一年におけるギャンブル依存が疑われる人は、男性三・七％、女性〇・七％で、全体では二・二％。過去一年にギャンブルで使った金額（一カ月あたり）の中央値は五万円。ギャンブルの種類としては、男性は①パチスロ（三五・四％）、②パチンコ（三四・六％）、③競馬（一二・三％）が上位三種となった。女性は①パチンコ（六〇・〇％）、②パチスロとロト・ナンバーズなどを含む宝くじ（共に一六・〇％）だった。

　依存が疑われる人は、依存なしの人に比べて、鬱不安が強いことも示された。同時に希死念慮（自殺したいと考えたこと）や自殺企図（実際に自殺を企てたこと）の割合も高い。

報告書では、国内でギャンブル依存が疑われる人の割合二・二％と海外のデータを比較した記述もある。イギリス〇・八％（二〇〇三年）、スウェーデン〇・九％（二〇一四年）、スイス一・六％（二〇〇七年）などのデータが載っている。「調査方法がさまざまなため、結果を直接比較することはできない」が、日本は「ヨーロッパ諸国などの結果より高い割合」だとする。

カジノというと真っ先に米ラスベガスやマカオが想起される。しかし、イギリス、スウェーデン、スイスにもカジノはある。『カジノの歴史と文化』（佐伯英隆著）によると、イギリスのカジノは、集中している首都ロンドンと地方を合わせると「総数は１００を超える」とのことだ。かなりの数のカジノがあるイギリスより日本のほうが、すでにギャンブル依存症割合が高いことには留意しておきたい。

さらにギャンブル依存症で指摘されるのが、患者が医療につながりにくい問題だ。久里浜医療センターの樋口進氏は、「神奈川県ギャンブル等依存症対策推進協議会」の会長も務めている。二〇二〇年一月に開かれた第一回会合の資料を振り返ると、同センターの資料から引用された表が載っている。それが「ギャンブル等依存症の患者像」として示され

	平均
初診時年齢	39.3歳
ギャンブル開始年齢	19.5歳
ギャンブル問題化年齢	27.4歳
借金総額	570.4万円
初診時借金額	194.8万円

「ギャンブル等依存症の患者像」。「神奈川県ギャンブル等依存症対策推進協議会」の資料から転載

ている上の表だ。二〇一三年六月〜一七年四月に同センター外来を受診し、ギャンブル依存症と診断された人のうち、認知行動療法を実施した一一三例から作成している。

ギャンブル開始年齢は平均一九・五歳、問題化するのが二七・四歳で、初診時の年齢は三九・三歳。問題化してから一〇年以上の歳月が流れている。その結果、四〇歳頃に二〇〇万円近い借金がある状態になり、病院にギャンブル依存症で駆け込んでいる。

アルコール依存症ならば、アルコール臭を発する。薬物依存でも薬が効いている時とそれ以外の時で落差がある。家族が同居していれば、異常に気づくことが可能だ。しかし、ギャンブル依存症では、ギャンブルにハマっていることを家族や周囲に隠し、こっそり借金を重ねることが、やろうと思えばできてしまう。

ギャンブル等依存症対策基本法

政府もカジノ解禁を前に、手をこまねいているわけではない。

前述の通り二〇一八年一〇月に「ギャンブル等依存症対策基本法」を施行させている。同法では、依存症を「ギャンブル等にのめり込むことにより日常生活又は社会生活に支障が生じている状態」と定義。国民の関心と理解を深めるため、「ギャンブル等依存症問題啓発週間」（五月一四～二〇日）を設定した。この章の冒頭で記したツイッタードラマは、同週間に合わせて配信されている。

また、政府に「ギャンブル等依存症対策推進基本計画」の策定を義務づけた。同時に都道府県に対し、「ギャンブル等依存症対策推進計画」策定を求めている。さらに内閣に、内閣官房長官を本部長とする「ギャンブル等依存症対策推進本部」を設置。基本計画案の作成やそれに基づく施策の調整、実施状況の評価を担わせた。「ギャンブル等依存症対策推進関係者会議」もできている。同会議は、基本計画案の作成や施策の実施状況の評価結果の取りまとめの際に意見を述べるとされる。

政府として初となる「ギャンブル等依存症対策推進基本計画」は、二〇一九年四月に閣議決定された。パチンコや競馬・競輪などのギャンブル施設への入場制限や、施設内のATM（現金自動出入機）の撤去などが目玉となっている。同計画は三年後の二〇二二年三月に見直された。ネット投票における依存症対策を充実させることや関係機関の連携を強化し、包括的な支援を実現することが新たに盛り込まれた。

その成果をチェックしておこう。二〇二四年六月に同基本計画の二〇二三年度までの進捗状況が、事務局から発表された。競馬・競輪・オートレース・モーターボート競走の公営競技場や場外発売所への入場制限、インターネット投票のアクセス制限の実施件数（累計）が大幅に増えた。具体的には本人と家族からの二つの申告を合わせ二〇二二年三月末時点では六五三六件だったのが、二〇二四年三月末では一万三〇九三件となった。

政府が全都道府県に策定を求めている「ギャンブル等依存症対策推進計画」の策定も進んできた。また政府は全都道府県と政令指定都市に対し、依存症対策の「相談拠点」「専門医療機関」、依存症に係る研修や情報発信などを行う「治療拠点」の整備も求めている。「治療拠点」はまだ不十分だが、こうした施設は徐々に全国で増えてきている。

治療に公的保険適用

二〇二〇年四月から、ギャンブル依存症の治療を受けるのに、公的医療保険が適用されることになったのも注目点だ。

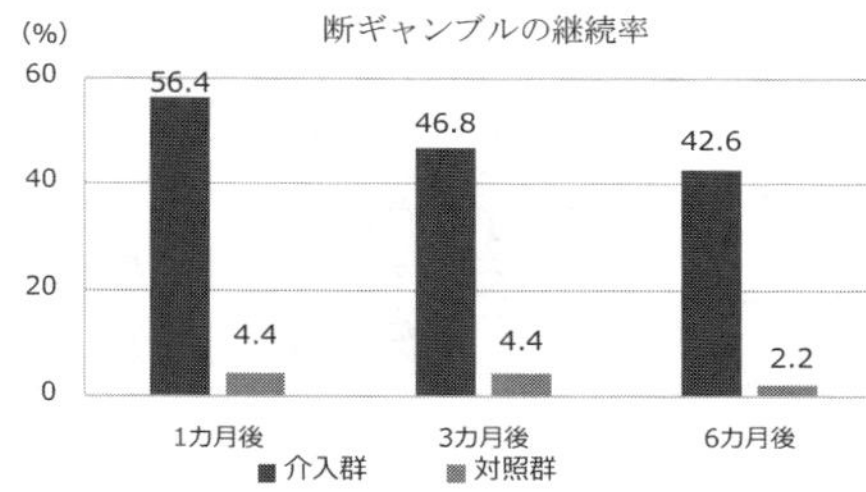

「ギャンブル等依存症対策推進基本計画　令和元年度の進捗状況について」（2020年6月）から転載

実際の治療法としては、考え方の癖を少しずつ変え、日常行動を工夫する「認知行動療法」を使う。一人でなくグループで経験を語り合うことで、依存症からの脱却を目指す。二〇二〇年六月に作成された「ギャンブル等依存症対策推進基本計画」の二〇一九年度分の進捗状況をまとめた文書に、関連するデータがある。二〇一六年度から一八年度に行われた研究によると、標準的治療プログラムを受けての「断ギャンブル」継続率は、上の図のようになった。

プログラムを受けた「介入群」の場合、六カ月後にギャンブルを断てていたのは四二・六%。プログラムを受けなかった「対照群」二・二%と比べると、二〇倍近い結果だ。

この二つの数値を単純に比較すると、報告書にある通り「効果があった」と誇れるかもしれない。ただし、保険適用された治療を受けても六割近くが六カ月以内にギャンブルを再開しているとも言える。回復過程の難しさがうかがえる。

しかも、自分の意思で始めたギャンブルの依存症治療に、公的保険を適用することに関しては、導入過程で否定的な意見が聞かれた。ＳＮＳ上で特に目立つ「自己責任論」の支持者からすると、「ギャンブルなんて、誰かに強制されたわけではないでしょ」「もっとマシなことに医療費を回せ」となる。こうした公的保険否定派は、治療効果を当然厳しく判断する。

大阪ＩＲが取る対策は

ここまで、ギャンブル依存症の実態や現時点で取られている各種対策を見てきた。次に、大阪ＩＲの対応策を見ていきたい。

第三章で触れたように、大阪ＩＲの「依存症対策等」は審査委員会の評価では、一五〇点満点中の九〇点だった。得点割合は六〇％で、ギリギリ「及第点」の状況だ。カジノ・

関係者	役割分担
ＩＲ事業者	・ＩＲ区域におけるカジノ設置及び運営に伴う依存症対策
大阪府	・府域におけるギャンブル等依存症対策 ・ＩＲ事業者に求める依存症対策の管理監督 ・調査研究体制の推進
大阪市	・市域におけるギャンブル等依存症対策

ギャンブル等依存症対策における関係者の役割分担。大阪IRの整備計画から転載

ＩＲ反対派は、論拠の一つに「ギャンブル依存症の患者が増える」ことを挙げているのに心もとない。合格を出すにあたり審査委員会が付した「七つの条件」のうち、ギャンブル依存症対策に関するものを再掲する。

⑥実効性のあるギャンブル依存症対策に取り組む。また、依存症が疑われる人の割合の調査を行い、その結果を踏まえて対策を定期的に検証。大阪府・大阪市とＩＲ事業者が連携・協力して必要な措置を適切に講ずる

こうした条件を付された依存症対策のいくつかを、大阪ＩＲの整備計画から拾う。

ＩＲ事業者たる「大阪ＩＲ株式会社」と大阪府市の役割分担は上の表のようだ。ＩＲ事業者と大阪市は、その管轄エリア内でギャン

ブル依存症対策を実施。大阪府は、もっと広いエリアをカバーしつつ、事業者を管理監督したり、調査研究体制を推進したりする。

このうちIR事業者が実施する依存症対策だけで、年間約九億円が見込まれている。先述したように、IR整備法で決められている措置も当然取り入れる。日本人と国内在住の外国人の入場回数を、連続する七日間で三回、連続する二八日間で一〇回に制限。確認にマイナンバーカードを活用した上で、入場料六〇〇〇円を徴収する。

事前の「発生抑制策」としては、青少年への教育など「普及啓発の強化」に乗り出す。カジノ施設内とカジノ施設外のIR施設内に二四時間・三六五日利用可能な相談施設を設けるなどの「相談体制の構築」も行う。民間支援団体と連携体制を取り、「治療及び回復支援につなげる取組み」も実施。さらに海外でカジノ運営の実績があるMGM社において導入実績のある「責任あるゲーミングのプログラム」を日本向けに改編し、導入する。また、貸付業務の対象は、日本に住居を有しない外国人と、一〇〇〇万円以上をIR事業者が管理する口座に預け入れている者に限定する。広告にも制限を設ける。

事後の「発生後対処策」も取る。入場者や家族の申告などによる利用制限措置として、排除プログラム制度を展開。ギャンブル依存症になった本人や家族に、相談機関や医療機関などの情報を提供していく。

なお第二章では、ＩＲ施設外の風紀が乱れる恐れについて指摘した。カジノのデザインを手掛けてきた日本人男性のインタビュー記事などを引用した箇所だ。

大阪ＩＲの整備計画には、「清浄な風俗環境の保持」などのために、府市・大阪府公安委員会・大阪府警が実施する対策も盛り込まれている。費用見込みは、先行準備で約七一億円、開業後は年約三三億円だ。それによると、大阪府内の繁華街に旅行者が増えることを踏まえ、ＩＲ開業に向けて警察職員を約三四〇人増員。その一部をＩＲができる夢洲に新設する警察署や交番などに配置する。また、性風俗関連特殊営業の規制などに継続して取り組むほか、小学校高学年や中学生に重点を置いた非行防止・犯罪被害防止教室を開催する。

MGM社の海外での取り組みは

ＩＲ事業者による実施事項として、ＭＧＭ社の責任あるゲーミングプログラムの日本版導入に触れた。この中身を日本ＭＧＭリゾーツ社長（当時）のジェイソン・ハイランド氏が出した『ＩＲで日本が変わる』から、深掘りしてみよう。

同書の「第3章　ＩＲが抱える課題」ではギャンブル依存症について述べている。ＭＧＭ社では全米のすべての自社施設に「ゲーム・センス」というプログラムを導入しているとのこと。これは「プレーヤーを保護し、彼らが楽しくゲームが続けられるように、ギャンブル関連のリスクに関する教育と、各種の対応手段、情報、活動とを組み合わせ、責任あるゲーミングについてプレーヤーに提示するプログラム」だという。具体的には「自分の予算を決め、それ以上はカジノにのめり込まないように楽しむ方法を提示したり、カジノの各ゲームの勝率などを明白にし、それを理解した上で責任を持ってプレーしてもらうといった内容」だ。

また、ＭＧＭ社はネバダ大学ラスベガス校や他のグループに資金提供を行い、依存症に関する研究を後押ししている。「研究と教育の両方面からアプローチし、ゲーム・センスを通じて依存症についての公共教育や啓発活動も促進するというのがＭＧＭのスタンス」。

そして、ハイランド氏は依存症対策への意見をこうまとめている。

「科学的に実証されたギャンブル依存症対策が日本にも導入されれば、カジノ依存症が疑われる人に対してだけでなく、パチンコおよびスロットマシーン依存症が疑われる人に対しても効果を発揮し、依存症率が大幅に改善されるはずです。結果として、多くの人たちが多大な恩恵を受けることになると思います」

ただし、この章の前半で記してきたようにギャンブルの引力は強く、依存症の闇は深い。ハイランド氏が言うような理想的な展開になるか否かは、大阪IRが開業してから数年後に明らかになる。

シンガポールの対策は

繰り返し言及してきたように、日本型IRはシンガポールをモデルにしている。では、そのお手本の国では、ギャンブル依存症の現状はどうなっているのだろうか。

シンガポールでは、国民と永住権保持者について、ギャンブル依存症が疑われる人の割合を三年ごとに調査している。ギャンブル依存症対策を行っている行政機関「国家賭博問題対策協議会」（NCPG）の報告書が、ネットで閲覧できる。そのデータを二〇〇五～二〇

シンガポールのギャンブル依存症患者割合の推移（%）						
	2005年	2008年	2011年	2014年	2017年	2020年
病的ギャンブル有病率	2.1	1.2	1.4	0.2	0.1	0.2
問題ギャンブル有病率	2.0	1.7	1.2	0.5	0.8	1.0
合計	4.1	2.9	2.6	0.7	0.9	1.2

NCPGの報告を元に筆者が作成

年まで六回分拾い、上の表にまとめてみた。先にも述べたようにシンガポールでＩＲが開業したのが二〇一〇年。その前の段階から、現在までを比較できる期間を取った。このシンガポールの調査でも、米国精神医学会の診断マニュアル「ＤＳＭ－５」が使われている。

シンガポールではカジノの開業前から、競馬やロト、スポーツ賭博があった。「病的ギャンブル有病率」と「問題ギャンブル有病率」を合算した「ギャンブル依存症患者割合」が、二〇〇五年時点で四・一％になっているのには、こうした背景がある。この二〇〇五年と二〇二〇年の一・二％を比較すると、ギャンブル依存症患者割合は明らかに減少している。

では、シンガポールはどのような対策をしたのだろうか。同国は、二〇〇五年四月に「ＩＲ開発推進計画」を閣議決定した。この時に包括的なギャンブル依存症対策を導入し、以後も継続的に対策を拡充してきた。

まず同年八月、社会家族開発省のもとに心理学者、カウンセラーや法律家などで構成するNCPGを設立。学校や企業でギャンブル依存症について学ぶ予防教育や広報啓発活動を実施し、ヘルプラインやWEB相談などのサービスも提供した。NCPGは、カジノへの出入り禁止規制の適用も判断するほか、引用した統計のようなギャンブル依存のリサーチも担う。

また、二〇〇八年には保健省のもとに「国家依存症管理サービス機構」(NAMS)を設立した。NAMSは、同省管轄下の依存症専門クリニックを組織改編してできた。ギャンブルだけでなく、アルコール、ドラッグなどさまざまな依存症治療を強化している。

大阪IRで導入する各種入場規制を、シンガポールも行っている。入場時は身分証明書を提示する。シンガポール国民と永住者には一回一五〇シンガポールドル(二〇二四年四月の時点だと約一万六八〇〇円)か、年間三〇〇〇シンガポールドル(約三三万六〇〇〇円)の入場料を課している。この入場料は、二〇一九年四月にそれまでの一・五倍に引き上げられている。一回の入場料だと日本は六〇〇〇円だから、三倍近い。昨今の円安でシンガポールの入場料が割高となったことを加味しても、日本より厳しい金額と見なせよう。

また、カジノ施設内への銀行ＡＴＭの設置禁止もあるほか、損失限度額の自己申請による事前設定も可能だ。

シンガポールでは、カジノからの排除対策も進められている。ＮＣＰＧがまとめた「二〇二一～二〇二三年　期間報告」によると、二〇二三年六月末時点で、有効な排除命令は計三四万一三一三件にのぼる。内訳はカジノからの自己申告による排除が一八万五三〇九件、法律による排除が一一万九一三八件、家族による排除命令が三二三〇件などとなっている。

なお、先の依存症患者割合の推移データを見ると、二〇一四年の〇・七％を底にして、二〇二〇年は一・二％に上昇している。しかし、ＮＣＰＧは二〇一四年から一七年、一七年から二〇年への数字の差は「統計的に有意ではない」と説明している。誤差の範囲との捉え方で、上昇ではなく「横ばい」との評価だ。

今後さらに割合が増えていくと、ＮＣＰＧもさすがに「横ばい」とは言えなくなるかもしれない。しかし、二〇二〇年までのデータからすると、シンガポールはＩＲ開業を契機にギャンブル依存症対策に成功したと捉えるのが自然だ。やはりＩＲ開業前の時点から各種施策を実行し、きちんと予算をつけられたことが大きい。一点付言すると、シンガポールの総人口は五九一万七六四八人（二〇二三年六月時点）であり、国家の規模的に施策の浸透を図りやすいという特徴もある。

日本でも大阪ＩＲが本格稼働している二〇三〇年代に、同じような経過となることが望ましい。しかし、海外でのカジノ導入の事例では、絶対にそうなりたくない悪夢のケースもある。

韓国の「江原ランド」

その場所は韓国の江原（カンウォン）ランドだ。メディアがＩＲ・カジノ関係の大型記事を組み、負の側面を描く時、かなりの割合で登場する。カジノでつくった借金を苦にした自殺話や無一文に転落してホームレスになったストーリーが、度々掲載されてきた。

こうしたギャンブル依存症だけではなく、街の風紀の悪さも指摘される。カジノで使うお金を捻出するための質屋や、カジノで勝った客目当ての風俗店が立ち並ぶからだ。二〇一八年九月にネット上にアップされたカジノ専門メディア「カジノワールド」の見出しの文言には、「江原ランドは失敗？」とあり、かなりストレートだった。

江原ランドは韓国北東部、江原道旌善郡にあるカジノリゾート。ソウルから高速バスで約三時間の距離にある。炭鉱が閉山した山間部を活性化しようと二〇〇〇年に、初めて韓国人が利用できるカジノとしてオープンした。それまでの韓国カジノは外国人専用だったことから、一気にギャンブル好きの韓国人を集めることになる。

二〇一五年以降、ホテル事業などを含む総売上高が一兆五〇〇〇億ウォン（一ウォン＝〇・一一円計算だと約一六五〇億円）を超えるようになったが、九五％はカジノ関連だ。その売上から年六〇〇〇億ウォン（約六六〇億円）前後を、税金や地域振興費として還元しているとされる。この多額の還元という「明」の裏で、さまざまな「暗」もある。日本の全国紙やブロック紙は、江原ランドのカジノを利用する一日平均八〇〇〇余人のうち、実に「六割」が依存症と報じる。二〇〇〇年の開設以降、二〇〇〇人以上が自殺したとの推計も紹介されている。

この現状を地元の住民はどう捉えているのだろうか。YouTube上に「カジノの町はいま09～韓国江原ランド～」とのタイトルがついた動画が残っている。当時、参院議員（沖縄選挙区）だった糸数慶子氏ら「カジノ問題を考える女たちの会」が二〇〇九年一〇月に江原ランドを視察した時に撮影したものだ。その中で、ある中年男性が次のように明かしている。

「毎年少なくとも五〜一〇人の自殺者が出ています。ただし、これはカジノ施設内だけの数で地域に戻って死ぬ人もいるので、正確な数は把握していません」

自殺者を二〇〇〇人とした先の推計とも相通じる内容だ。さらに、彼はこう続けた。

「カジノに対しては地元もマスコミも幻想を持ち、黄金の卵を産む事業だと思っていました。切迫した経済を何とかしたいと焦っていて、副作用については何も考えていなかった。これから対策を探っていきたい」

ただし、この動画がアップされた以降も、カジノが江原ランド周辺に残したマイナス面を描く報道は続いている。この十数年で抜本的な改善はできていない。さらに二〇一八年六月五日の「産経新聞」ネット版に出た専門家の言葉も伝えたい。発言者は韓国の「射幸産業統合監督委員会でギャンブル依存症の予防と治療に取り組む」専門委員だ。

「依存症対策を法的に整備する前に、カジノが先に開業してしまったことが問題を大きくした」

極めて重い言葉で、日本が二の舞になることは避けたい。

カジノがどの程度ギャンブル依存症を誘発するのか。同時に強化されつつあるギャンブル依存症対策が、どこまで機能するのか。国内で先例がないだけに、大阪ＩＲの開業後について確固としたことは言い難い。大阪ＩＲが軌道に乗り始める二〇三〇年代半ば、「大阪カジノは江原ランド化した」との報道が出ないことを、重ねて切に願う。

ハウス・エッジを知る

本書を手にした読者には、大阪ＩＲにできるカジノで「ガッツリ儲けたい」派もいるかもしれない。そうした方々が冷静でいられるように、カジノはまずもってカジノ運営側が儲かる仕組みであることも示しておく。知っておくべきは「ハウス・エッジ」だ。

「日本初のカジノディーラー専門養成機関」と謳い、東京と大阪に学校を構える「日本カジノスクール」のサイトを参照する。そこにある「カジノ用語辞典」ではハウス・エッジを、「各ゲームにおいて、本来当選する確率よりも少なく見積もった倍率で実際の配当を行い、その差額をカジノ側の利益とするもの。『控除率』」と紹介している。

具体例として、ルーレットを載せている。ルーレットには1〜36の数字があり、この数字をピンポイント（ストレート・アップ）で当てれば、賭け金が三六倍となって返ってくる。ところが、アメリカンタイプの盤面上には、0（ゼロ）と00（ダブルゼロ）も備わっている。カジノとプレイヤーが対等となるためには、本来はストレート・アップの配当は三八倍とするべきだ。ところが実際は、プレイヤーは一回あたり、0と00分がカジノ側に有利となるルールで遊んでいる。当たる確率と配当の差、（1-36/38）×100≒5.26、この約五・二六％がハウス・エッジだ。一万円を賭けて遊ぶと、カジノ側の利益は一ゲームあたり、五二六円にもなる。

ここから先は同スクールのサイトにはないが追加で説明しておきたい。ルーレットに少し詳しい方は、0が一つしかないヨーロピアンタイプがあることを知っているだろう。こちらだとハウス・エッジは、二・七〇％になる。一万円を賭けた時、カジノ側の取り分は二七〇円。プレイヤーならば、圧倒的にヨーロピアンタイプで遊んだほうがいい。

こう書くと、ルーレットで儲けた記憶を思い出す読者もいるかもしれない。確かに、その日、たまたまカンが冴(さ)えたプレイヤーは、賭け金を増やせることもある。しかし、多数のプレイヤーが数多く遊ぶとどうなるか。母集団の数が増えれば増えるほど、ある事柄の発生する割合が一定の値に近づく、「大数の法則」が効果を発揮する。カジノの場合だと、ハウス・エッジ通りにカジノ側が儲かるようになっていき、プレイヤーは損をする。

この原則を知っているだけで、カジノで遊ぶ時の心構えはだいぶ違うのではないか。僕のカジノ経験からしても、あまり欲張らずにほどほどに勝っている時にパッと去るに限ると言える。ギャンブラー気質でない僕は、二倍になっているならば出来過ぎと捉える。それ以上欲張ると、ハウス・エッジでやられる。

僕の経験だと力不足だろうから、先人の言葉を併せて載せておく。先に引用した『カジノの歴史と文化』にも載っている、吉田兼好『徒然草』からの一節だ。

「勝たんと打つべからず。負けじと打つべきなり」

原文では「双六(すごろく)の上手といひし人に、その手立を問ひ侍り」から続く言葉だが、もちろん「双六」だけでなく、カジノにも当てはまる。

専門家からの警鐘

この第五章ではギャンブル依存症について多方面から考えてきた。この章を締めるにあたり、依存症者をサポートする専門家のインタビューを加えたい。その方は、冒頭のツイッタードラマを制作した公益社団法人「ギャンブル依存症問題を考える会」代表の田中紀子さん。二〇一四年二月に同会を立ち上げ、ギャンブル依存症の当事者とその家族の支援に力を入れてきた。祖父、父、夫がギャンブル依存症者という巡り合わせを持つ「三代目ギャンブラーの妻」だ。さらに、田中さん自身がギャンブルと買い物依存症の当事者でもある。

二〇二四年一月、都内中央区の事務所に伺って話を聞いた。

――大阪ＩＲの建設が始まり、二〇三〇年頃には日本で初めてカジノが誕生する見込みとなりました。大阪カジノの動きは、どのように捉えていますか。

「国内でのカジノの動きについては、その時々で異なる捉え方をしてきました。二〇一四～一八年にかけては、カジノができることで、何もやってこなかったギャンブル依存症対策が進むと考えていました。ちょうど二〇一四年に安倍（晋三）首相がシンガポールを訪問し、一六年にＩＲ推進法、一八年にＩＲ整備法ができたあたりです」

「当時、政治家はこぞってシンガポールの依存症対策を引き合いに出しました。カジノ解禁の五年前から対策を進め、依存症を減らしたと宣伝した。同国では、子どもの目には一切触れないようにする厳しい広告規制を導入し、予防教育にも力を入れた。日本もそうなるのかと期待していました」

――その期待は、どうなりましたか。

「二〇一八年に『ギャンブル等依存症対策基本法』が成立しましたが、その後の数年で、このままカジノを造ったら非常にまずいことがはっきりした。公営ギャンブルについての広告は、むしろ目立つようになっている。さらにアプリ投票の時代となり、クレジットカードで賭けられ、ポイントまでつくようになってしまった。政治家もかつてと異なり、シンガポールの依存症対策を口にしなくなっています」

「今は危機感しかありません。大阪は全国的に見ても非常にギャンブル依存症対策が遅れている地域だと指摘できます。ギャンブル依存症からの回復では、依存者や家族が集まる自助グループが大きな役割を担う。ところが大阪は、全然足りていない。さらに医療も頼りなく、医療と我々のような民間団体との連携も取れていません」

――ほかにも大阪ならではの問題は、あるのでしょうか。

「大阪は闇カジノの摘発が甘く、『老舗闇カジノ』すらある。さらに、ＩＲのカジノができると、そこでもハマる中小企業のおじさん社長が出てくる。バカラのテーブルでよく見かけるその社長を、闇カジノ関係者が誘う。『うちだったら一割か二割ぐらいチップに上乗せサービスしまっせ』とか言って。さらに『六〇〇〇円の入場料もいらんから』と」

「そもそもギャンブラーは金銭感覚がバグっているから、この入場料は依存症対策にはなりません。数百万円は勝つつもりで通うのですから」

――大阪の経済を支えている中小企業の社長だけに心配になります。

「ところが影響は大阪だけにとどまりません。例えば社員旅行で、非大阪圏から大阪ＩＲに視察に行った際、カジノに立ち寄ってしまう。そこでハマってしまう。ギャンブル依存症になるのは、約九対一で男性が女性より圧倒的に多い。しかし、カジノはキラキラしてセレブっぽい演出をするから、華やか好きな女性がハマる危険性もあります」

「するとどうなるか。特に非大阪圏の人たちはオンカジ（オンラインカジノ）に手を出すようになる。私は大阪カジノはオンカジへのゲートウェイになると危惧しています」

――オンラインカジノのネット広告を見る機会が増えましたし、世界的にもその市場規模を伸ばしています。

「『ギャンブル依存症問題を考える会』への相談でも比重を増しています。新型コロナウイルスの流行前は（オンラインカジノの相談は）四・八％ほどだったのが、二〇二二年度は約四〇〇件の対面相談を受けたうち一三％台に増えました。二〇二三年度はさらに増加傾向です」

「アメリカやイギリスの依存症専門家は揃って、オンカジのヤバさを口にします。スマホ一つで二四時間できてしまうから、リアルでやるランドカジノより危険です」

「犯罪に手を染めるケースが増えた」

――厳しい状況を改善する策は、あるのでしょうか。

「ギャンブル依存症は意志の問題ではなく病気であり、なおかつ回復できる病気です。こうした情報を一般の人の目に届くように広めていく。大阪カジノを造るのだから、吉本芸人にこうした周知をやってもらったらいい。啓発に努めつつ、依存症者や依存過程にある人から相談を受けたら、きちんと応じられるように体制を整える。予算を大幅に割いて実施したとしても、最低でも一〇年はかかります」

「大阪カジノまでには間に合いませんが、それでもやるべきです。同時にオンカジ撲滅に動くしかない」

――いずれも、これまで徹底できなかった取り組みです。

「今、ギャンブル依存症に陥った若者が犯罪に手を染めるケースが増えています。かつては貸金業者からバンバンお金を借りられました。ところが年収の三分の一までしか借りられない『総量規制』が二〇一〇年六月から完全施行されています。依存症者はすぐに詰まるようになり、闇金に頼るようになった」

「この闇金が借り手を犯罪に誘う。特殊詐欺で現金やキャッシュカードの受け取り役となる『受け子』や、ATMでお金をおろす『出し子』にする。通帳やスマホを裏で売り飛ばす」

「店舗も構えなくなりX（旧ツイッター）のみでやり取りするから、正体が分からない。

警察、弁護士、司法書士を入れても手を引かない。さらに二、三万円でも取り立てが過酷です」

――漫画の『闇金ウシジマくん』（真鍋昌平作、小学館）の世界よりも悪化しているようです。

「あの漫画はリアルで店舗があるし、大したことない時代の話ですよ。さらに金額も大きくなる傾向です。昔は現金で賭けていたのが、クレジットカードが使える影響でしょう」

「厳しい状況ですが、私たちにできることは、ともかく一人でも回復者を増やすこと。そして、声を上げられるように回復者を育て、こんなにいっぱい被害者がいるのだと可視化していくことしかありません」

田中さんはインタビューで「福祉系の民間団体で、依存症を扱う団体ほど苦難を味わっているところはない」とも語っている。アルコール依存症だと酒造メーカー、ギャンブル依存症だとパチンコや公営ギャンブルという産業側と闘うことになる。こうしたメーカーは社会的経済的な影響力が大きく、彼らに忖度（そんたく）するからか行政などからの助成も得にくいという。産業側から広告料をもらっているメディアは味方にならないし、世の中は冷たく

「自己責任論」をぶつけてくる。

こうした中でも田中さんは前に向かっている。二〇二四年二月、ギャンブル依存症問題を考える会は、国内初の依存症専門オンラインメディア「Addiction Report」（アディクションレポート）を正式に創刊した。同会の寄付で運営し、その目的は「アルコール、薬物、ギャンブル、その他の依存症について、専門記者が科学的根拠に基づいた情報を発信し、依存症の正確な理解と、依存症に苦しむ人や家族への偏見・差別を払拭すること」だ。編集長には読売新聞の医療サイト「ヨミドクター」などで活躍してきた岩永直子さんが就任した。しっかりした医療情報を届けてきた岩永さんのもとならば、「Addiction Report」は着実に育っていくだろう。これらの情報が拡散し、世の中の偏見が少しでも減ることを僕も願っている。

第六章　国際観光拠点VS地域崩壊

維新の選挙での訴え方は？

二〇二三年度の始まりとなる同年四月一日午後二時過ぎ、僕は大阪市生野区にあるスーパー「ライフ巽店」の前にいた。周囲には二〇〇人を優に超える人だかり。老若男女いずれもいたが、ややご年配の方々が目立った。道路に停車中のバンの上では、黄緑色の上着の袖をまくった男性がマイクを握っていた。

「統合型リゾート・ＩＲ。相手方の反対、これしか言わないから、ちょっとだけ言わせてください。ＩＲっていうのは一〇〇％ある面積のうち三％がカジノの部分です。このカジノの部分は、厳格に管理します。入場も管理します。マイナンバーカードとか、なんか証明書がないと入れません。誰でも簡単に気軽に入れるようなものじゃないです。入場料も必要になります」

生で彼の演説を聴くのは初めてだったが、その声自体はテレビを通して何度も聞いたことがある。必要以上に小難しいことを言わないことから、内容も理解しやすい。男性はカジノ規制にひとしきり触れると、今度はＩＲの全貌について説明を始めた。

「じゃあ残りの九七％のエリア。世界的なエンターテインメントとか日本で見られないエンターテインメントとか、日本が誇る文化の発信拠点とかシアターとか美術館とか、六〇〇〇人入る国際会議場とか国際展示場とか宿泊施設とか。そういうのが全部入ってるから統合型リゾート。これを夢洲でやります」

次に経済効果について話し始めると、その口調は熱を帯びたように感じられた。

「一兆円規模の新しい経済が生まれます。一兆円の経済が生まれたら、当然税収も生まれます。雇用も九万人生まれます」

「夢洲って、めっちゃ金かけてつくった人工島なんですけれども、負の遺産になっているのです。（中略）だからあそこに国際観光拠点をつくりましょうよ。そして万博もあそこでやって、そしてやっぱ経済を強くしていこうよ」

聴衆の中には熱心に頷いたり、スマホで動画や写真を撮ったりする人も目立った。最初から大歓迎ムードで、大きな拍手と歓声に包まれて登場。演説が終わる頃には、さらにボルテージが上がっていた。まるでアイドルのような応援を受けていた男性は誰か。分かった読者もいただろう。そう、この男性は地域政党・大阪維新の会代表で、大阪府知事選で二期目を目指していた吉村洋文氏（当時四七）だ。

第二〇回統一地方選の前半戦は、同年四月九日に投開票があった。その一つの大阪府知事と大阪市長のダブル選を取材するため、僕は前日に大阪入りした。経費が出ない旅路となるため、新宿から夜行バスで向かい、宿泊はカプセルホテル。懐への負担はだいぶ軽くなる。このダブル選では、ＩＲが最大の争点と報じられていた。実際に候補者たちが、どのように訴えるのかを確かめたかった。

吉村氏は「カジノ隠し」「ＩＲ隠し」に逃げることなく、演説の一定時間を割いていた。この前日、北区であった演説会でも話を聴いたが、その時も、「反対派、常にＩＲしか言いませんので、ＩＲのこともちょっと触れさせてください」と同じ旨の前置き口上を述べた。そして、大阪ＩＲを「観光戦略のうちの一つ」として取り上げていた。

他方、大阪市長選に立候補していた前府議の横山英幸氏（同四一）は、ＩＲへの言及はあっさりだった。ライフ巽店前で二人は揃い踏みしたが、そもそもの演説の持ち時間が違う。吉村氏の約二一分に対し、横山氏は七分半に満たないほど。前日の三月三一日から、大阪府議会と大阪市議会の選挙も始まっていた。集まった聴衆に対し、地元から出る府議候補や市議候補を売り込むためには、アイドルばりの人気を誇る吉村氏を前面に出すのが有効だ。大阪維新の会は、その戦略を素直に実行していた。

横山氏も大阪府議として三期の実績があり、二〇二〇年からは大阪維新の会の幹事長だ。それでも、この日の演説で「本当に知名度がなくて」とこぼしている。僕は横山氏を、大阪市長選に立候補した段階で初めて知った。「維新」と言えば、いまだに橋下徹・松井一郎の両氏の顔を思い浮かべ、次に吉村氏となる。横山氏の知名度に関する発言からしても、大阪の有権者の一定数は、僕に近いのかもしれない。

その横山氏が、四月一日の演説でＩＲという単語を発した部分を取り上げてみよう。

「過去の大阪というのは、大阪府も大阪市も、まあ借金まみれでした。僕は二〇年前に大阪府庁の職員で、役人になりました。大阪府の中も役人天国、暗い雰囲気で、借金まみれで、今みたいに万博とかＩＲとか、成長戦略なんか全くなかったんですね」

「何人子どもがいても安心して子育てできる大阪の街。そして、いつもどこかで民間投資の話があって、賑わって、ベイエリアも夢洲とかＩＲで賑わって、財源が手に入って、人口が減っていくしんどい状況でも安定した行政サービスを進めていくための成長戦略。これを進めさせていただきたいと思います」

横山氏の演説は、前日にも北区で聴いた。この時、吉村氏はいなかった。横山氏は大阪府知事と大阪市長の「二人が一つの方向を向くのが大事」と訴えていたが、「ＩＲ」の単語は出なかった。

非維新の訴え方は？

大阪ダブル選は、維新と非維新が争う構図だった。まずは府知事選に立候補した、非維新候補のＩＲに関する主張を追ってみる。自民や立憲民主が自主支援したのが、無所属新顔で法学者の谷口真由美氏（同四八）だ。

三月三一日夕方から大阪梅田駅前（大阪市北区）であった演説会で捕まえた。ＳＮＳ経由で「芝田1交差点」前であると知ったが、土地勘が全くない。付近をぐるぐる歩き回る羽目になった。演説開始の前に無事に到着した時は心底ほっとした。

谷口氏のことは、ネットで活動する女性グループ「全日本おばちゃん党」の創設者や、テレビコメンテーターとして知っていた。関西弁を巧みに操る、明るいキャラの印象だ。政治団体「アップデートおおさか」の要請で出馬した。

その選挙活動では、「おばちゃん柄」として時にいじられることもある「ヒョウ柄」を、シンボルとして採用していた。この選択は、彼女のキャラクターにマッチしている。街頭演説でも、赤と青のヒョウ柄カードを聴衆に配り、臨時アンケートを取りながら話を進めた。吉村氏が「相手方の反対、これしか言わない」と言ったほどには、演説内容はＩＲ一辺倒ではなかった。まず一二分ほどかけて、維新が掲げてきた「身を切る改革」などに問題提起。そして「ほな、次の質問にいきましょう」とＩＲへの言及を始めた。

反対派が府知事になればＩＲ誘致を止められることや、「住民投票をすべき」との持論を展開。続いて、大阪市が土壌汚染対策にお金を出すことについて、ヒョウ柄カードでのアンケートを実施した。

「IRとカジノに、大阪のお金が使われるのは知っていますか？　はい、『知っている』方、青い札を上げてください。『知らんわ』という方は赤い札。ありがとうございます。だいぶ浸透してきていますね。ありがとうございます。赤い札を上げた方も全然いいんですよ」

「この土壌改良費に七八八億円の公(おおやけ)のお金を使うということを、決めているんです。えらいお金ですよね。それで土壌改良がうまくいくかどうかも分かりません」

その後も夢洲の軟弱地盤問題やギャンブル依存症、推計されている経済効果のあやふやさについて、舌鋒(ぜっぽう)鋭く迫っていく。

「だから皆さんが会社で業績をされる時もそうだと思いますが、見積もりの根拠の数字、もともとどういう数字をもとに算出していたのかというのを出されますやん。計算式を、皆で。それが甘いのちゃいますか」

谷口氏が指摘した数字の甘さは、第三章で記したように政府が大阪IRを認定した時にも、改善を迫られている。審査委員会が出した「七つの条件」の二つ目は、「IR整備の効果の推計に関して、用いるデータの精緻化に取り組む」だ。

大阪ＩＲの課題をよく勉強して、真っ向から取り上げている……。僕は谷口氏の演説を聴き、こうした感想を抱いた。

共産推薦候補の主張

府知事選の候補では、共産党が推薦する無所属新顔で元参院議員の辰巳(たつみ)孝太郎氏（同四六）の演説も聴いた。四月一日、吉村・横山両氏の揃い踏みを取材する前、イオンモール鶴見緑地前（大阪市鶴見区）に向かう。辰巳氏の服装は動きやすそうな青い長袖の上着。「たつみコータロー」の看板がかかった車上に立つと、冒頭からＩＲ批判を展開した。

「今回の選挙ほど大阪の未来・将来を左右する選挙はありません。何と言っても、大阪の子どもたちにカジノを残すのか造るのか、それともストップするのか。これが問われる選挙です。推進派の議員の皆さんは、カジノで成長させるんやと、経済成長させると言っています。博打で経済成長はしません」

こう言い切ると、聴衆から「その通り！」の声が上がる。辰巳氏は、ＩＲ批判を続けた。

「この鶴見で使われるはずのお金が、博打に使われるということになるわけですから、地域の経済を落ち込ませてしまいます。そして皆さん、依存症の問題、吉村さんはテレビの討論会でも依存症対策をやると繰り返すばかりです。あまりにも認識が甘いと思います」

またも「そうだ！」との反応が返ってきた。演説時間を長く取っていないため、谷口氏ほど詳しくはないが、土壌汚染や治安悪化懸念などポイントをうまく突いていく。

その後、教育や福祉が先細っているとし、「大阪はパブリックが失われてきた」などと指摘した。そして、一二分ほどの演説をこう締めた。

「カジノではなくて、命・暮らしを守る。そんな政治を辰巳孝太郎につくらせてください。カジノストップさせてください」

市長選の非維新候補は？

市長選で非維新の中心にいたのは、谷口氏と同じく「アップデートおおさか」からの出馬要請を引き受けた女性だった。無所属前市議の北野妙子氏（同六三）だ。府知事選では辰巳氏が立ったことで、維新VS非維新は一対一の対決とはならなかった。他方、この市長選では非維新陣営がまとまり、事実上の直接対決となった。

この市長選までに大阪で起きた政治の流れを、極々簡単に説明する。維新は看板政策として、大阪府の統治機構を大改革する「大阪都構想」を掲げてきた。二〇一五年に最初の住民投票を実施するが否決となる。二〇二〇年にリベンジをもくろむも、再度失敗した。この際、維新前代表で前大阪市長の松井一郎氏が、市長の任期満了で政界を引退することになった。横山氏は、その松井氏の後任候補として立候補した。

現職府知事である吉村氏は、演説模様からも分かるように非常に人気が高い。府知事選でもかなり有利なことが見込まれた上、非維新の票は谷口・辰巳の両氏で割れる。この点、市長選では、非維新は北野氏で一本化した。横山氏の知名度の低さも加味し、非維新側は「勝てるとすれば市長選」との希望的観測を抱いていたとされる。そして北野氏は、期待を託されるに足る候補だった。大阪市議として五期の実績があり、都構想が否決された二〇二〇年の住民投票では、自民党市議団幹事長として反対運動の先頭に立った。

大阪市淀川区にあるＪＲ塚本駅前で、北野氏の演説を聴いた。品の良さを感じる大阪弁を巧みに操る話術は実に見事だった。選挙権を得て以降、僕は国政、地方選挙問わず、欠かさず投票してきた。大学での所属が政治経済学部政治学科だったこともあり、「一票を大切にしたい」との思いは強い。そのため土日の休日などで候補者演説をかなりの数聴いてきたが、北野氏は最高レベルにうまかった。

事務所を構える地元でもあり、数十人規模の聴衆が集まっていた。北野氏は「頭のてっぺんからつま先まで大阪でできている」と自己紹介した後、経済再生から訴え始めた。そして訴えの二つ目の柱として、ＩＲを取り上げた。

「二つ目は夢洲ＩＲのことなんですね。皆さんはこの話、おかしいと思いませんか？　おかしいということさえ、皆さん、知らされていません（中略）何となくおかしいなと思っている方は、いっぱいいらっしゃいますけど、まだまだ浸透していません」

「私が市長になって、このカジノ・ＩＲというとんでもない計画を私がストップしていきたいと思っています」

住民理解の不十分さに関しては、政府の認定時にも注文がついている。「七つの条件」の⑤には、「地域との十分な双方向の対話の場を設け、良好な関係構築に継続的に努める」という内容が盛り込まれた。その課題を突いた。

「ストップしていきたい」と声を張り上げた時には、聴衆から「そうだ！」とのかけ声と共に拍手も起きた。演説していた選挙カーから降りた後、北野氏は集まった男女にグータッチをしていたが、好意的な雰囲気だった。

一定の盛り上がりはあり、北野氏の演説にも中身があったが、この章の冒頭で紹介した維新の吉村・横山両氏の盛況ぶりと比べると見劣りした。そして、それは谷口氏や辰巳氏も同じだ。非維新の政治姿勢を従前から決めている固定ファンしか耳を傾けていない印象がぬぐえない。動員ではない単なる通行人が話者や聴衆が発する熱気に引き込まれ、ふと足を止めるような光景は残念ながらほぼ見られなかった。

吉村氏は違った。聴いた二回の演説会とも開始の三〇分前から現場にいたが、どんどん人が増えていく。スーパーから出てきた買い物客が、次々と聴衆に転じた。

こうした差は、やはり投票結果に直結する。この後一〇日足らずで示された現実は、非維新が叩(たた)きのめされるほどの「維新圧勝」だった。

選挙結果は非維新の惨敗

確定得票数は、次の通り。

大阪府知事選　吉村氏　二四三万九四四四票　VS　谷口氏　四三万七九七二票

　　　　　　　　　　　　　　　　　　　　　　　　辰巳氏　二六万三三五五票

大阪市長選　横山氏　六五万五八〇二票　VS　北野氏　二六万八二二七票

非維新からすると、府知事選も市長選も惨敗だ。維新の相手になっていない。府知事選より期待されていた市長選でも横山氏の得票は北野氏の二・四倍。なぜ、ここまで大差がついたのか。非維新が掲げた「カジノ反対」は、府民受けが期待ほど良くなかった。

「毎日新聞」ネット版によると、投開票日の一週間ほど前に実施した電話世論調査で、IR誘致についての賛成は四五％で、反対は三八％。維新は二〇一一年に知事・市長の座を奪取して以降、過去三回ともダブル選に勝ってきた。その担い手である地域政党・大阪維新の会の支持者に限ると、賛成は六七％で反対一四％を圧倒している。

また、読売新聞が投開票日の四月九日に合わせて行った出口調査も参照する。府知事選の有権者では、賛成五七％・反対四一％。この数字は、大阪市長選だと賛成五三％・反対四三％となった。賛否の差はいく分縮まったが、ＩＲを最大の争点にするならば、反対派がもっと伸びないと非維新には勝ち目がない。

ダブル選と同時に、その結果に触れなければならないのが府議選と市議選だ。維新は府議会では過半数を持っていたが、市議会ではわずかに足りない状態が続いていた。しかし、四月九日の投開票の結果、大阪府議選（定数七九）で五五議席を獲得。市議選（定数八一）でも四六議席を獲得し、初の過半数獲得となった。

維新が大阪市議会で過半数を取った影響が、さっそく出ている。市議会は二〇二三年六月、議員定数を八一から一一減らして七〇とする条例の改正案を賛成多数で可決した。二〇二七年に実施する選挙から適用となる。「身を切る改革」を訴えて支持を集めてきた維新が、すぐさまそれを実現した。確かに議員定数を減らせば政治家に支出する税金は減る。

しかし、その分、多様な民意を議会に届けにくくなる恐れがあることは指摘しておきたい。

盤石な維新のもとで

大阪の選挙で勝ち続けている地域政党・大阪維新の会は、国政政党・日本維新の会の母体だ。同政党の大阪府総支部にもなっている。国政政党の日本維新の会は、全国区化を進める。その中心にいるのが松井氏の後釜として、二〇二二年八月に代表の座に就いた馬場伸幸氏だ。その馬場体制で、維新は同じ野党の立憲民主党と政党支持率でシーソーゲームを演じる。

ヤフーニュースで配信（二〇二三年九月一七日夜）された「毎日新聞」の世論調査では、自民党二六％に続き、維新一三％・立憲一一％。この時期は、維新が立憲を上回る調査結果が他社の調査でも定着していた。

ただし、大阪・関西万博の海外パビリオンの建設の遅れや、経費増額が取りざたされるようになると、主導してきた維新への逆風となる。二〇二三年秋頃からの流れだ。さらに、その後に自民党の裏金事件が表面化すると、立憲が追い風を受けた。その結果、今度は立憲が維新を上回る数字を取るようになってきた。「読売新聞」ネット版に出ている世論調査（二〇二四年三月二五日）によると、政党支持率は自民二三％・立憲八％・維新五％。半年前とは、逆転した順位となった。

維新は二〇二四年三月二四日、京都市内で党大会を開き、次期衆院選で「与党過半数割れ」と「野党第一党」の両方を目指す活動方針を決定した。それまでは「野党第一党」だけだったが、「与党過半数割れ」も加えた。一部報道では、「野党第一党」の実現を難しいと判断したことから、「与党過半数割れ」を加えたとされている。

政治の世界は一寸先は闇で、横浜市長選がそうであったように選挙結果も読みにくい。インパクトのある出来事があれば、情勢はいかようにも変わる。ただし、一つはっきり言えるのは、関西以外の居住者が理解しにくいほど、維新は関西では人気が高い。そして、自民に比べると若い政治家を前に出すことで、若年層の取り込みを図る戦略がジワジワと効いてきている。維新は大阪から政治の地殻変動を起こしつつあると構えても、決して過大評価ではない。

衆院選が実施されると、「維新一強」の大阪では、自民・立憲・共産だけでなく、公明もその勢いに押されることになる。維新と公明は大阪の国政選挙では棲み分けをしてきたが、今度からはガチンコ対決する公算だ。維新は二〇二三年の中頃、公明現職がいる大阪、兵庫の六小選挙区への候補選定作業を終えた。

都内ファミレスで同年秋、一〇歳ほど年上の知人男性Eさんと会った。彼は選挙で公明党を支援する実行部隊として動いており、公明関係の各地の選挙現場に詳しい。大阪での見通しを聞くと、達観した様子でこう話した。

「橋下さん、松井さんは吉村さんを維新に引き入れた時点で、勝ったと思ったのでは？なぜなら東京都知事選挙も同様ですが、大きな選挙になるほど国民は公約・政策よりも、パフォーマンスにたけた人物に投票する傾向になるので」

維新がうまく育てたこともあり、敵方のEさんも認めるほど吉村氏の人気は絶大だ。それでもEさんは衆院選の際には選挙応援に出向くというから、公明の結束力も並ではない。

大阪ＩＲの今後は？

では、盤石な維新体制のもとでＩＲは、どう進んでいくのだろうか。

二〇二三年九月末、大阪ＩＲは実現に向けて、一つのステップを上った。大阪府市がＩＲ事業を担う「大阪ＩＲ株式会社」と本契約に相当する実施協定を結んだのだ。

先述のように、政府は二〇二三年四月に府市が提出した整備計画を認定した。今回の実施協定では同計画に基づき、大阪府市と大阪ＩＲ株式会社の三者が作業日程などを定めた。同年九月五日に府市が協定案を公表し、同月二八日に締結された。

この調印式には大阪府知事の吉村氏のほか、米ＭＧＭ社最高経営責任者（ＣＥＯ）のビル・ホーンバックル氏も出席した。オリックスと共に大阪ＩＲ株式会社を担う日本ＭＧＭリゾーツの親会社トップだ。YouTubeにある「カンテレＮＥＷＳ」（関西テレビ）のニュース動画によると、「ＭＧＭのトップが大阪のＩＲに関する公の場に出席するのは、今回が初めて」だ。

ＭＧＭ社側も重要視した調印式で、両氏は以下のように話している。

ホーンバックル氏「私たちにとって、今日はとてもエキサイティングな日です。このＩＲを中心に大阪が世界的な観光名所になることは間違いありません」

吉村氏「この大阪のベイエリアにおいて、世界最高水準のＩＲを実現したい」

同じくこのニュースを伝えたＮＨＫサイトによると、大阪ＩＲ株式会社の代表者の一人、エドワード・バウワーズ代表取締役は次のように話した。

「大阪には『やってみなはれ』というチャレンジ精神がある。統合型リゾート施設が大阪にできることで経済が活性化し、大きな経済的な効果を生み出すだろう」

この実施協定で、大阪ＩＲの開業時期は整備計画段階から約一年遅れ、二〇三〇年秋頃とされた。また、事業者の初期投資額一兆八〇〇〇億円が、資材価格高騰などの影響で約一兆二七〇〇億円に増額となった。三章で大阪ＩＲの計画を詳しく紹介したが、上

大阪IR開業までの想定スケジュール	
2023年秋	液状化対策工事に着手
24年夏	準備工事の発注・着手
25年春	建設工事の発注・着手
30年夏	工事完了
秋	大阪IRの開業

大阪 IRの整備計画から作成

書きされた二〇二四年四月時点での情報に基づいて記載している。

二〇二三年九月に結ばれた実施協定で注目したい点が二つある。示されたスケジュールと解除リスクだ。スケジュールは、整備計画がブラッシュアップされた結果、表のようになった。整備計画によると、日程はあくまで「工程が最も早く進捗した場合の想定」だ。

「新型コロナウイルス感染症の収束状況、ＩＲ事業の税制上の取扱い及びカジノ管理規制の整備状況、夢洲特有の地盤性状への対応状況、工事環境等によっては、ＩＲ事業の工程は一～二年程度後ろ倒しとなる可能性がある」との説明書きがついている。

実際、すでに遅れ気味となっている。「二〇二三年秋」とされた液状化対策工事は同年一二月の着手となった。

夢洲の地盤問題については、これまでも触れてきたが、地盤改良工事が長引く可能性が大いにある。さらに気になるのが、同じ夢洲で実施される大阪・関西万博との兼ね合いだ。万博の期間は、二〇二五年四月一三日～一〇月一三日の一八四日間。ちょうど大阪ＩＲの建設工事が始まる時期と重なる。

大阪・関西万博は二〇二〇年にまとめた基本計画で、想定来場者を約二八二〇万人としている。期間で単純に割ると、一日あたり約一五万三〇〇〇人。万博の開催に合わせて夢洲駅をつくるなど、一帯の交通インフラの整備は進む。

しかし、万博に来る多数の来場者をさばきつつ、ＩＲの工事車両が円滑に通れるのか。しかも、大阪ＩＲは大規模工事のため、通過する工事車両は一日数台レベルでは済まない。

加えて、夢洲が埋め立て地であることの制限も受ける。アクセスできる道路は、北東側の「夢舞大橋」と南東側の「夢咲トンネル」に限られている。それぞれ片側三車線、同二車線あるが、心もとない。建設工事に着手したとたん、万博期間の半年ほどはお休みに……。こんな展開も想定されうる。

次に触れたいのは解除リスクだ。府市と大阪ＩＲ株式会社は二〇二二年二月、基本協定書を結んでいる。仮契約書に相当するものだ。この第一九条に「本基本協定の解除」の項目が盛り込まれた。「基本協定の概要」を記した文書によると、府市は、同社の「重大義務違反があった場合」などに解除できるとされた。同時に、同社は国が整備計画を認定した日から三〇日を経過した時点で、事業実施の七条件が整っていないと判断した場合は、府市に通知後に撤退できるとした。基本協定書によるとその七条件とは、カジノ管理委員会が定める規則が運営に著しい悪影響を与えるものになっていない、土壌問題に対して市が適切な措置を講じている、ことなどだ。

整備計画が二〇二三年四月に認定された三カ月後の七月、この「解除期限」は同年九月末までとなった。さらに実施協定では、二〇二六年九月末まで延期された。二〇二三年五月時点では、大阪ＩＲ株式会社は「事業前提条件が成就していないものと判断」したと、府市の資料には書かれている。同社の慎重姿勢がうかがえる。

実施協定案を公表した同年九月五日、吉村氏は解除リスクをこう説明している。

「民間からするとかなり大きな投資になりますから。そういった意味では、解除条件というのはきちっと設定して、リスクを管理するというのは当然のことだと思います」

大阪ＩＲ株式会社は、初期投資だけで一兆二七〇〇億円も投じる。巨大プロジェクトのため、土壌問題などが解決される見通しをしっかり持ちたい。吉村氏は、こうした同社の立場に理解を示した。府市は二〇二六年九月末までの解除期限延長に応じた理由の一つに、同社が「事業実現に向けた強い意志を有するとともに、事業実施に向けた具体的な事業進捗も認められる」ことを挙げた。

大阪ＩＲは当面の間、事業者の撤退リスクも抱えつつ、歩みを進めることになる。

こぼれ落ちるものはないか

もう一つ、僕が特に課題に挙げたいのが、住民理解の不十分さだ。北野氏の街頭演説の箇所でも再度触れたように、政府が整備計画の認定時に出した「七つの条件」にも十分な住民理解の項が入っている。大阪府のサイトを見ると、新型コロナウイルスの流行がピークを過ぎたこともあり、府民向けの説明会が実施されている。二〇二三年度は八月に一回、一〇月に二回、二〇二四年一月に二回の開催だ。職員による「区域整備計画」の説明の後、質疑応答が行われている。八月の初回は大阪産業創造館（大阪市中央区）で開かれ、九三人が参加。事後に掲載された「質疑応答要旨」を読むと、「七つの条件」をクリアするための取り組みなどが話題となっていた。

また、府市が主催し、二〇二四年二月六日、「【大阪ＩＲシンポジウム】大学生と考える大阪ＩＲと大阪の未来」が開かれた。第一部では、大阪観光局理事長の溝畑宏氏らが登壇し、関西圏の学生に向けて、ＩＲがもたらす影響などを話した。第二部では、溝畑氏らが学生の代表とディスカッションを行った。こうしたイベントの開催は二〇三〇年秋頃とされるＩＲ開業に向けて増えていくことは間違いない。住民理解の必要性は府市も分かっているため、徐々に予算を増やすだろう。

ＩＲ開業への流れは強くて太いが、そんな中でも大阪の反対派は声を上げ、底力を示してきた。例えば、市民団体はＩＲ誘致の賛否を問う住民投票を府議会に求め、二〇二二年三〜五月の二カ月間で約二一万筆の署名を集めた。第四章で横浜での事例を紹介した時にも記したが、地方自治法では、こうした「直接請求」には有権者の五〇分の一の署名が必要となる。その基準を六万筆超も上回った。しかし、維新と公明が反対に回り、同年七月の臨時府議会で否決され、住民投票の実施は幻に終わった。

維新は大阪ＩＲの開業に向け、突き進んでいる。そんな状況下で、こぼれ落ちるものはないだろうか。僕は二〇二三年秋、「カジノ問題を考える大阪ネットワーク」代表で阪南大学教授（会計学）の桜田照雄さんに再度の連絡を取った。同ネットワークは二〇二二年九月、市に対し「夢洲の土壌問題」に関する質問・要望書を提出。翌二三年一月に市の担当者らと対面での協議を実施するなど、反対活動を継続している。

桜田さんは、第三章で記したコロナ下での「ルポ・夢洲」で、車を出してくれた。その際の対面と、今回のオンラインでのインタビューを共に掲載したい。桜田さんの語り口は穏やかだが、その奥には確固とした信念を感じさせる。僕に気づきをもたらしてくれることも多い。

まずは、コロナ下での対面インタビューから。

――桜田さんが反対の立場に立つ理由から教えてください。

「ＩＲにできるカジノが、賭博であること。ＩＲ・カジノは経済政策として成り立たないこと。さらに夢洲というういろいろな問題があるところを用地にしていることです」

「自治体が率先して賭博の会場を誘致しようとしています。自治体の責務は本来、公共の福祉や公共の利益の追求です。必ず依存症を伴う賭博は、この公共の福祉や公共の利益には全く合致しない。また、ＩＲに向かえば向かうほど、社会的な連帯を支えていくのに非常に大事な役割を果たす層を壊していきます。具体的には大阪の中小企業だとか、生業層と言われる地域の中で住民を相手に商売している方々のことです」

「大阪維新の会は、経済政策は国に任せればいいと、中小企業対策をほとんどやらない。そういう中で、ＩＲに積極的です。二重三重の間違った経済政策になっています」

――維新は建設時や運営時の経済効果を見込みＩＲ開業を目指していますが、もっと中小企業対策をするべきだと。

「そうです。ＩＲは投資の規模でいうとアクセス関連の投資だけで一兆円、ＩＲ自体への投資が一兆円になります。二兆円は、関空（関西国際空港）をつくった時の投資規模です。ただ、関空と違うのは、ＩＲの波及効果は極めて限られてしまうこと。ＩＲには関空ほど幅広い層の呼び込みは期待できませんから。いい経済政策ではない」

――ＩＲはどうすれば。

「冷静になって、立ち止まってよくよく考えていく。展望が見えないから、言葉は良くないけど自暴自棄になっている。『儲かればええやないか』『金が落ちればええやないか』と。本当に必要な経済政策を打ち立てていかなければいけない」

――具体的な政策はあるのでしょうか。

「鍵は、生業層とか自分たちの暮らしを支えている事業を、どうもり立てていくかです。例えば介護。どの市町村でもバリアフリーの家に改築する時、五〇万円程度の補助金を出す。それを年一〇件、引き受けてくれる大工さんがいれば、売上は五〇〇万円になる。まあ何とか暮らしていけるのではないか。自分たちの生活ニーズ、生活の質を高めるさまざまな取り組みと、地域の生業層を結びつける。こういうことを地道に積み上げていくのが、一つのカウンターパートになる」

「生業層がこの二〇～三〇年間で相当につぶれてきています。生業層は地域と共に育ち、地域の人たちのニーズに合わせた商売をやっていく。稼いだお金で自分たちの生活も、地域で成り立たせていく。地域内の資金循環の担い手になるんです。チェーンストアとかコンビニエンスストアだと、利益が上がったら本社に吸い上げられていきます。そうではなくて地域の中で循環させるような仕組みが必要です」

「抵抗の牙」を持たないと

対面で話を聞いた時から三年半以上の月日が経っているが、内容は今でも示唆に富む。特に「地域の生業層」に言及した部分は、前章で取り上げた田中紀子さん（「ギャンブル依存症問題を考える会」代表）とも響き合う。田中さんは中小企業の社長がカジノにハマることを警戒していた。生業層が減る中で、さらに彼らがギャンブル依存症になると、大阪を根底から壊してしまう。

二度目となる二〇二三年秋のオンラインインタビューは、以下の内容だ。この間、維新が政治基盤をより固めたことに対しての見解から聞き始めた。

——維新は二〇二三年春の知事と市長のダブル選で勝利した上、府議会・市議会でも過半数を確保しました。なぜ、これほどまでに強いのでしょうか。

「維新の最大の政治テーマは統治機構改革です。吉村氏は知事であり、議員の公認権を握る党の代表者でもある。首長の絶対的な権限のもとで議会を形骸化しました。議員は仕事がなくなるから、選挙互助会活動に邁進する。すると維新支持層への度重なる訴えともなり、支持基盤を強化します。『維新に投票すれば仕事がくる』という流れになるので、『何度もうっとうしい』とはならない」

「維新支持層の分析は、支持層ではなく、活動家としての議員の日常活動を抉り出さないと本質が見えません。マスコミはそこで失敗している。議員の日常活動を調査・分析していないので、利権誘導を徹底していることが分からない。大阪では建設・不動産業界が二層分解を伴いつつも、好業績を上げています。全国的には、国交省・経済産業省関係の公共事業が削減される中、『タワマン造成行政』で仕事量を確保できている」

――大阪ダブル選挙の出口調査を振り返ると、府知事選・市長選共にＩＲ誘致の賛成が反対を上回っています。この数字をどう捉えますか。

「『維新のやることだから反対しない』と考える人や、『国がやると決めたのだから、反対しても無駄』と諦めている方もいます。さらに『反対するのは既得権益を守りたいだけ』『そもそもパチンコを放置しておいて、カジノはダメは筋が通らない』という維新の主張を詭弁だと認識できていない方もいます。こうした状況をつかまず、『出口調査』で誘致の賛否を問うことの限界をマスコミは理解できていません。ミスリードにほかならない」

――二〇三〇年秋頃の大阪ＩＲ開業に向けて、維新はこのまま突き進む構えです。大阪のあり方が大きく変わりそうな中、我々はどうしていくべきでしょうか。

「あえて初歩的なことを指摘すると、我々は現実を改革する『抵抗の牙』を持たねばならない。その『牙』を持つには、現実の課題について学習しないといけません。学校教育を終えた住民が学習できる恒常的な仕組みを、住民運動は創造しなければならない」

「一見すると道のりが遠く感じるかもしれませんが、学習なくして『抵抗の牙』は育ちません。今の大阪の状況を鑑みると、その基本からスタートする必要があります」

この「抵抗の牙」というワードを聞いた時、僕は第四章で記した横浜市での住民投票実施運動を思い出した。二〇二一年八月の横浜市長選で新市長が誕生し、横浜がIR誘致を断念する半年以上前のことだった。横浜でも住民投票は、「議会の壁」を越えられずに実施には至らなかった。しかし、地道な市民たちの活動は地下水脈として、その後につながっていった。カジノ反対派の新市長を誕生させた要因の中には、市民が受け継いできた地域への思いが間違いなくある。

改めて冷静に捉えると、大阪のダブル選現場で見たのは「維新人気」というより、吉村氏の「アイドル化現象」だったのかもしれない。いずれにしても、元来の天邪鬼（あまのじゃく）であり在野精神を持つ僕は、人々が一定方向にどっと流れることに怖さを感じざるを得ない。物事の進め方として、ストップ役や監視役がいないまま、爆走していくのはいかにも危うい。大阪IRにも、やはり一定のチェック役が欲しい。そのためにも、桜田さんが提唱する「抵抗の牙」を我々が手に入れる、「恒常的な仕組み」づくりに大いに賛成する。

おわりに　「何を大切にしたいのか」という問い

闇カジノへの入店記

タバコの煙が舞い、きらびやかな照明が灯る空間で、男女が緑色の大きなテーブルにひしめく。円形のチップが行き来し、時に勢いよく積み上がっていく。より厚い、大きめなチップが増えるほど、周囲の熱気が増す。緊張感が高まる中、「コロン」と乾いた音が響き、結果が出た。その瞬間、「やったー」「あちゃー」「しまった」など悲喜こもごもの声が漏れる。刹那の興奮は最高潮に達し、一瞬で冷めた後、再びのピークを迎える準備期間に入った。

僕が二十数年前に経験した「カジノ」の回想だ。ルーレットゲームが行われていた一角は、まさに非日常の場だった。読者は「米国のラスベガスかな」「マカオあたりかしら」と推測したかもしれない。しかし、いずれも異なる。実は国内、それも横浜での出来事だ。

そう、国内にはいまだ正式なカジノはないから、いわゆる「闇カジノ」にあたる。

「闇カジノ」は言葉通りに合法ではなく、警察の目をかいくぐりながら営業している。当然、警察に摘発されるし、遊んでいる客も逮捕対象となる。二〇一六年春、バドミントンの有力選手が闇カジノでバカラ賭博をしていたことが発覚し、無期限の大会出場停止などの処分を受けた。また、東京・歌舞伎町の雑居ビルの一室で闇カジノを開いたとして、二〇二三年一月、店長や客ら一〇人以上が現行犯逮捕されている。僕も二年ほど前、歌舞伎町を私用で歩いていた時、「カジノで遊ばない?」と客引きから声をかけられた。知り合いのネットメディアの記者も、同じような経験をしていた。

僕が横浜の闇カジノに足を踏み入れたのは、こうした声かけなどではなく、その場の流れだった。二十数年前といえば、まだ僕も二〇代の前半。エネルギーにあふれていた。週末の夜、大学の同級生三人と男ばかり四人で居酒屋飲みをした。一次会だけでは物足りず、「どこかいくか!」との展開になる。

「ちょっと遠いけど、面白い店を知っている」

同級生の一人が言った。

「電車面倒だから、四人だしタクシー乗ろうよ」

その言葉で捕まえたタクシーは、助手席に座った同級生の指示で走り出した。首都高を南下していくが、同級生は「面白い店」が何なのか明かさない。

気がつくと横浜まで来ていた。賑やかな繁華街ではなく、特段、印象に残っていない場所にタクシーは停まった。そして、とあるビルに入るように促された。入り口でボディーチェックを受け、運転免許証を提示する。そして地下の空間へと足を運んだ。そこで目に飛び込んできたのが、先に記したようなルーレットに興じる男女の姿だった。

映画『007 カジノ・ロワイヤル』(二〇〇六年)は、ポーカーゲームのシーンが見どころの一つ。主人公のジェームズ・ボンド役をこなした俳優のダニエル・クレイグは黒い蝶(ちょう)ネクタイに白シャツの正装で、ビシッと決まっていた。

その点、横浜の闇カジノの客たちは、ずっとカジュアルだった。仕事帰りと想像されるスーツ姿もいたが、僕のように普段着でも、さして違和感はない。店にはドレスコードはなく、客も他の客の服装など気にしていなかった。皆が賭けに興じるために足を運んでいた。そこは「大人の社交場」ではなく、明らかに「賭場」だった。

人気だったルーレット

いくら若くても、この場が「やばい」ことは分かった。正しい行動はすぐに帰る、一人でも退店することだが、周囲でタクシーがすぐに捕まるかも分からない。ギャンブラーたちが放つ熱に当てられたこともあるだろう。しばらく、滞在することにした。

スロットマシンもあったが、最も人が集まっていたのは一台あったルーレット。第五章で紹介した0と00が外れ扱いのアメリカンタイプだったと記憶している。ハウス・エッジが約五・二六%で、0のみが外れとなるヨーロピアンタイプよりも、損をしやすい。その場にいた人々は、そんなことは誰も知らないのだろう。当時の僕も知識を持ち合わせていなかったが、他の皆もお構いなしに熱心に遊んでいた。

多くの客は、数百円分ずつのチップを賭けていた。ピンポイントで当たり、三六倍を手にした客は歓声を上げた。赤、黒の二倍増に賭ける客も、ずっと赤、ずっと黒とは賭けない。それでは面白くないからだ。カンを頼りに、試行錯誤していた。

タクシーの助手席に座って僕たちを連れてきた同級生は、賭け事自体より、この空間が好きなようだった。目の前でルーレットが回って、歓声が上がる中、黒の網タイツ姿でお酒やソフトドリンクを運ぶバニーガールもいる。確かに、非日常感はあった。僕はどうも居心地の悪さを感じながら過ごした。もう一人の同級生も同様だった。

そうした一行で同級生K君だけは違った。さっそく換金し、かなり大胆に遊んでいた。初めて入った店ながらルーレット台に前のめりになり、普段よりも、目を数倍も輝かせている。最初こそ、控えめに一、二枚チップを置いていたが、次第に複数枚、大胆に使うように。そして、数回に一回、見事に当て、数倍のチップを手に入れていた。

彼が換金したのは一万円だった。ツキが回ってきて、一時はチップを倍増させていた。ビギナーズ・ラックはそう長くは続かないから、そこでやめれば良かったのだ。一時間半も過ぎると、最後の一枚を失った。

僕ら三人は帰ろうとしたが、K君は「ちょっと待って」。この闇カジノでは、遊戯台に現金をそのまま置いて遊ぶことも認められていた。彼は財布から一万円札を取り出した。そして、迷うことなく「黒」に賭けた。その目は明らかに興奮状態だった。

ゲームを進行させるディーラーが手放した白いボールが、ルーレット盤の外周を回る。

Ｋ君の興奮状態など知るよしもなく、そのボールはこれまでと何ら変わることはなく、コロンと静かに数字の上に落ちた。「赤」だった。

Ｋ君は、少しはにかんだ笑顔に悔しさをにじませたが、「さらに一回」とは言わない。彼が置いた一万円札は、ディーラーに淡々と回収された。

深みにハマったK君

ここで話が終わりならば、何も長々と二十数年前の出来事を書く必要はない。Ｋ君にまつわる後日談があるのだ。

僕は二度とその闇カジノに出入りすることはなかった。賭け事に向いてない性格なのは分かっていたし、自分では賭けないとしても、リスクある場所に出入りする危険を考えた。同級生二人も数回止まりだったと聞いたが、Ｋ君だけは違った。あの日以来、がっつりとハマってしまった。

最後の賭け方が示すように、彼は博打が好きなタイプだ。うまくいった時もあったのだろうが、回数を重ねるごとに徐々に負けがこむ。次第に、自分の収入だけではやりくりできなくなった。友人、知人に加え、消費者金融からも借金を重ねた。しまいには勤めていた会社で不正行為に及び、退職に追い込まれた。僕がK君の身に起きたこうした不幸を知るのは、闇カジノに一緒に行った時から数年後のことだ。

K君の人生を狂わせたのは、あくまで非合法の闇カジノだ。大阪IRにできるカジノは、もちろん合法となる。その二者では、法的位置づけが大きく異なる。しかし、カジノで行われるプレーの中身は大差なく、ギャンブル好きには同じ魔力を放つ。

僕が国内で起きているカジノをめぐる問題に関心を寄せる原点には、K君がいる。友人を嵌めたカジノを持つIRに対し、僕は一定の距離を冷静に保っている。

横浜の反省の弁

渦中に放り込まれ、当事者になると落ち着いていられないのは、個人だけでなく自治体も同じだ。IR誘致レースから降り、客観的な視点を持ちえたからこその文書を横浜市が二〇二二年九月にまとめている。全部で三三四ページもある「横浜IRの誘致に係る取組の振り返り」文書だ。

第四章で詳述したように横浜では二〇二一年八月に実施した市長選挙で、ＩＲ誘致反対を掲げた山中竹春氏が当選した。その山中氏は九月の市議会での所信表明で、ＩＲ誘致の撤回を正式に表明している。同文書は「はじめに」で、文書作成の目的を次のように記す。「横浜におけるＩＲの中止に伴い、これまで積み上げてきた検討・準備を無駄にしないよう、ＩＲの誘致決定に至る市の意思決定の経過や検討内容等を改めて振り返る（以下略）」

文書では公認会計士や監査法人など六者が実施した「外部有識者による考察」も、約九〇ページ分盛り込まれた。第五章でインタビューした「ギャンブル依存症問題を考える会」の田中紀子代表も、そのうちの一者だ。

文書の結論にあたるのが、「市におけるＩＲ誘致の取組の振り返り」。そこでは、①「経済的社会的効果」、②「懸念事項対策（ギャンブル等依存症対策）」、③「ＩＲ事業の進め方・市民のご理解」の三側面を取り上げている。①では、「外部有識者が行った試算によれば、経済効果（増収効果）は、（中略）コロナ禍前で約三〇〇〇億円まで下振れするリスクがある」と記載した。

横浜市はＩＲ誘致の過程で、成功した際の増収効果が年間八二〇億～一二〇〇億円にのぼると訴えてきた。これは同市の法人市民税収入（二〇一八年度決算で六二〇億円）を大幅に上回る。少子高齢化と経済停滞が続き、どの自治体も苦労しながらやりくりしている。横浜も例外ではない。この巨額の増収効果は、ＩＲ誘致に乗り出す決め手の一つとなった。

ところが外部有識者の公認会計士が試算し直すと、増収効果は三〇九億～六一五億円となった。従来の半分にも満たないとなると、誘致に動く前提条件がだいぶ異なってくる。

この経済効果に関しては、政府の審査委員会が大阪ＩＲを認定する際にも注文をつけている。第三章でも述べたが認定時に付した「七つの条件」の②は、「ＩＲ整備の効果の推計に関して、用いるデータの精緻化に取り組む」だ。

横浜の文書では経済効果が約三〇〇億円まで「下振れする」ことなどを、こう記した。

「ＩＲは日本で初めての試みであり、不確定要素が多く、効果について期待通りにならない事業リスクがあった」

賛否両派は対話を

新しい物事に取り組む際には、当然リスクが伴う。個人であれ、会社であれ、組織であれ同じだ。個人ならば、自分の決断だけで前に進むか、後ろに引くかを決められる。しかし、二人以上が運命を共にするとなると、賛否が分かれる可能性が出てくる。

ましてや、政府や地方自治体が進める事業は、一〇〇％賛成とはなりにくい。反対派が出ることは自然だし、むしろそれこそが民主主義の多様性を反映している。さらに、ＩＲはこれまで見てきたように地域を一変させる力がある巨大施設だ。

本書「はじめに」では、官房長官だった菅義偉氏が自民党総裁選に立候補する記者会見で起きた、一場面を描いた。二〇二〇年九月に記者から「横浜をカジノ業者に売り渡すんですか」と向けられた箇所だ。僕はこの出来事について、「菅氏に代表されるＩＲ推進派がより丁寧な議論を心がけていたならば、あのきつい一言が記者から発せられることはなかったかもしれない」と書いた。

しかるに、そこからいくら月日が経過しようとも、ＩＲに関する「丁寧な議論」は起きていない。二〇二〇～二三年はじめまでの新型コロナウイルス流行下では、人が集いにくく、対面での会話がしにくかった。オンラインでも議論自体は可能だが、立場が異なる賛否両派が意見を戦わせるにはやりにくい。大阪府市のダブル選挙の結果が出た二〇二三年春以降は、「もう大阪ＩＲの開業は既定路線」と捉えられがちだ。

さらに、ネットが高度に発達してきた令和の日本では、立場や意見を異にする相手との対話がより難しくなっているという課題もある。我々が覗くサイトやＳＮＳは、過去の閲覧履歴や属性などに応じてプッシュする情報を変えるレコメンドやフィルター技術を高めてきた。その結果、偏った視点や興味関心に基づく情報にしか接することができなくなる「フィルターバブル」が知らないうちに生じているとされる。

自分に心地よい情報の中で過ごすことは、自分にとっての異論に接するよりもはるかに楽だ。しかし、この傾向が過ぎると異論を目にしたり聞いたりすることを排除するようになる。それでは、異なる意見を戦わせる対話は成り立たない。

何を大切にしたいのか

他方、意見や立場の相違が埋まらなくても、真摯な態度で対話に臨んできた相手に対しては、敬意を払える。それは後々まで相手の言葉を反芻（はんすう）する動機にもなり、自らの意見を省みる材料ともなる。

現代の海外にお手本となる材料を探してみよう。例えば、在英のライター・コラムニスト、ブレイディみかこ氏の『ぼくはイエローでホワイトで、ちょっとブルー』（新潮社、二〇一九年）。本屋大賞の「2019年ノンフィクション本大賞」に輝いた作品だ。英国南端の街ブライトンで暮らす中学生の息子の日常を描いている。彼は人種差別や経済格差にぶつかりながらも、しなやかに対処していく。母子の会話には、各人が持つ立場の違いを乗り越えるヒントがある。

僕のカジノ取材の原点には、闇カジノで足をすくわれたK君がいることを先に紹介した。僕自身がカジノの暗部を知る慎重派だからこそ、逆に賛成派・推進派に積極的に接近し、進んで取材してきた。そして最大限に真摯に耳を傾けるよう努力した。

こうした繰り返しを経て気づいたのは、カジノ誘致の賛否は、個々人が「何を大切にしたいのか」という問いと連動することだ。今の閉塞感から脱したいと、インバウンドの外国人客増に期待し、経済効果を望むならば、賛成に天秤（てんびん）が傾く。ギャンブル依存者を出すことを許さず、地域の安定を好み、できるハコモノの賑わいを一過性と考えるならば、今度は反対に振れる。

ＩＲにまつわる「何を大切にしたいのか」というこの問いは、さらに日本をどうしていきたいのかという考えと直結する。ＩＲのインパクトが、単に大阪や関西圏にとどまらないことは繰り返し述べてきた。どこに住んでいようとも、知らず知らずのうちに影響を受けることになる。さらに法律上は、あと二カ所に造れる。各地に推進派がいることから、アフターコロナへと転換している今、誘致に向けた旗がどこで上がっても不思議ではない。お住まいの自治体の動きは気にしたほうがいい。

僕はこうした状況にしっかりにらみを利かせつつ、大阪ＩＲの開業への動きを今後もウオッチしていくつもりだ。開業から数年すれば、大阪ＩＲが「成功かどうか」も判断できよう（ただし、〈成功〉の定義自体が難しいが）。ギャンブル依存症や風俗、風紀の乱れがどうなっているかも含め、その頃に再度、一冊の書籍にして報告したい。

本書は、集英社新書の藁谷浩一さんのお力添えで世に出すことができました。一通の手紙から生じたご縁に感謝申し上げるとともに、さらなる末永いお付き合いをお願いします。また、心配をかけ通しの僕を温かく見守ってくれている両親、いつも元気をくれるＪさんにも心からの感謝を申し上げたい。

カジノをめぐる状況を多くの人に知ってもらいたいため、本書が多くの方に届くことを願っています。他方、僕は本書を営利目的で上梓(じょうし)しません。そのため本書に関わる印税・原稿料は、取材でお世話になった各団体に寄付することにします。第一章の「臨海部開発問題を考える都民連絡会」「カジノいらない！東京連絡会」「市民と政治をつなぐ江東市民連合」、第四章の「ストップ！カジノ　和歌山の会」（現「住民自治をすすめる会」）、第五章の「ギャンブル依存症問題を考える会」、主に第六章の「カジノ問題を考える大阪ネットワーク」などが対象で、すでに全団体からご快諾を得ています。

二〇二四年八月

高野真吾

参考文献

井川意高『熔ける――大王製紙前会長 井川意高の懺悔録』幻冬舎文庫、二〇一七年
石井妙子『女帝 小池百合子』文春文庫、二〇二三年
石川智久・多賀谷克彦・関西近未来研究会『大阪の逆襲――万博・IRで見えてくる5年後の日本』青春新書、二〇二〇年
岩屋毅『「カジノ法」の真意――「IR」が観光立国と地方創生を推進する』KADOKAWA、二〇一六年
岡田和生、スティーブ・ウィン著、上之二郎編『ラスベガス カジノホテル――最も新しい挑戦』集英社インターナショナル、二〇〇三年
尾嶋誠史『カジノエージェントが見た天国と地獄』ポプラ新書、二〇一八年
カジノ問題を考える大阪ネットワーク編『これでもやるの？ 大阪カジノ万博――賭博はいらない！ 夢洲はあぶない！』日本機関紙出版センター、二〇一七年
木曽崇『日本版カジノのすべて――しくみ、経済効果からビジネス、統合型リゾートまで』日本実業出版社、二〇一四年
佐伯英隆『カジノの歴史と文化』中公文庫、二〇一九年
ジェイソン・ハイランド『IRで日本が変わる――カジノと観光都市の未来』角川新書、二〇一九年
高城剛『カジノとIR。日本の未来を決めるのはどっちだっ!?』集英社、二〇一六年

田中紀子『家族のためのギャンブル問題完全対応マニュアル』特定非営利活動法人ASK、二〇二一年
段勲『カジノミクスの賽は投げられた――開帳日本は「東洋のラスベガス」になれるか』人間の科学新社、二〇一九年
デービッド・アトキンソン『デービッド・アトキンソン 新・観光立国論――イギリス人アナリストが提言する21世紀の「所得倍増計画」』東洋経済新報社、二〇一五年
鳥畑与一『カジノ幻想――「日本経済が成長する」という嘘』ベスト新書、二〇一五年
鳥畑与一・桜田照雄他著、日本科学者会議監修『カジノ誘致の諸問題』本の泉社、二〇二〇年
野口久美子『インディアンとカジノ――アメリカの光と影』ちくま新書、二〇一九年
松下幸生・新田千枝・遠山朋海「令和2年度 依存症に関する調査研究事業『ギャンブル障害およびギャンブル関連問題の実態調査』」二〇二一年
松原文枝『ハマのドン――横浜カジノ阻止をめぐる闘いの記録』集英社新書、二〇二三年
真鍋勝紀『これからますます四次元ゲーム産業が面白い――時間消費ビジネスをリードする』かんき出版、一九九八年
宮内悠介『黄色い夜』集英社文庫、二〇二三年
そのほか各種行政資料、全国紙、地方紙、ネットニュースなど

高野真吾（たかの しんご）

ジャーナリスト。一九七六年生まれ。埼玉県川越市出身。早稲田大学政治経済学部在学中に、早稲田マスコミ塾に入って文章を書く面白さに目覚め、一九九八年に報道機関に入社。社会、経済、国際ニュースに幅広く携わりながら、次第にネットニュースにも活動の幅を広げる。二〇〇〇代からマカオ、韓国、ベトナムなどの海外でカジノを経験してきた。

カジノ列島ニッポン

二〇二四年九月二二日 第一刷発行

集英社新書一二三三B

著者……高野真吾（たかの しんご）

発行者……樋口尚也

発行所……株式会社集英社

東京都千代田区一ッ橋二-五-一〇 郵便番号一〇一-八〇五〇

電話 〇三-三二三〇-六三九一（編集部）

〇三-三二三〇-六〇八〇（読者係）

〇三-三二三〇-六三九三（販売部）書店専用

装幀……原 研哉

印刷所……TOPPAN株式会社

製本所……加藤製本株式会社

定価はカバーに表示してあります。

ISBN 978-4-08-721333-1 C0236

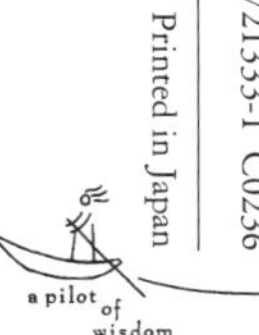

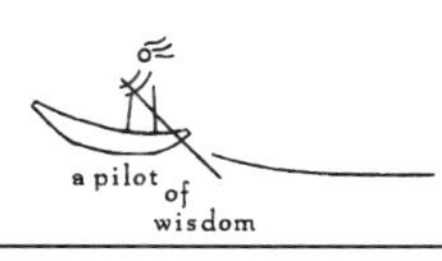

a pilot of wisdom

社会——B

- 限界のタワーマンション　榊 淳司
- 日本人は「やめる練習」がたりてない　野本 響子
- 俺たちはどう生きるか　大竹まこと
- 「他者」の起源 ノーベル賞作家のハーバード連続講演録　トニ・モリスン
- 言い訳 関東芸人はなぜM-1で勝てないのか　ナイツ 塙 宣之
- 自己検証・危険地報道　安田純平ほか
- 都市は文化(アート)でよみがえる　大林 剛郎
- 「言葉」が暴走する時代の処世術　太田 光／山極 寿一
- 性風俗シングルマザー　坂爪 真吾
- 美意識の値段　山口 桂
- ストライキ2.0 ブラック企業と闘う武器　今野 晴貴
- 香港デモ戦記　小川 善照
- ことばの危機 大学入試改革・教育政策を問う　東京大学文学部広報委員会・編
- 国家と移民 外国人労働者と日本の未来　鳥井 一平
- LGBTとハラスメント　神谷 悠一／松岡 宗嗣
- 変われ！ 東京 自由で、ゆるくて、閉じない都市　隈 研吾／清野 由美
- 東京裏返し 社会学的街歩きガイド　吉見 俊哉
- 人に寄り添う防災　片田 敏孝
- プロパガンダ戦争 分断される世界とメディア　内藤 正典
- イミダス 現代の視点2021　イミダス編集部・編
- 中国法「依法治国」の公法と私法　小口 彦太
- 福島が沈黙した日 原発事故と甲状腺被ばく　榊原 崇仁
- 女性差別はどう作られてきたか　中村 敏子
- 原子力の精神史——〈核〉と日本の現在地　山本 昭宏
- ヘイトスピーチと対抗報道　角南 圭祐
- 世界の凋落を見つめて クロニクル2011-2020　四方田犬彦
- 「自由」の危機——息苦しさの正体　藤原辰史／内田 樹ほか
- 「非モテ」からはじめる男性学　西井 開
- 妊娠・出産をめぐるスピリチュアリティ　橋迫 瑞穂
- マジョリティ男性にとってまっとうさとは何か　杉田 俊介
- 書物と貨幣の五千年史　永田 希
- インド残酷物語 世界一たくましい民　池亀 彩
- シンプル思考　里崎 智也

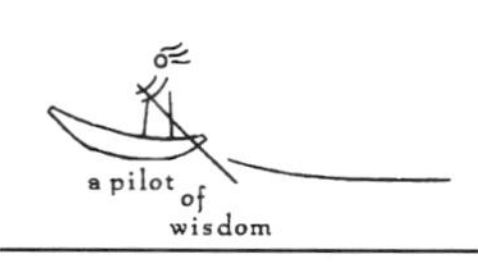

a pilot of wisdom

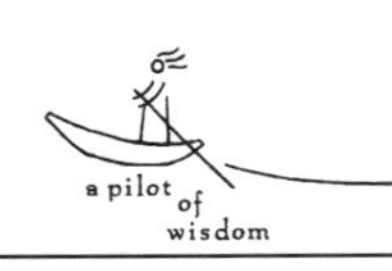

集英社新書　好評既刊

首里城と沖縄戦　最後の日本軍地下司令部
保坂廣志　1220-D
20万人が犠牲となった沖縄戦を指揮した首里城地下の日本軍第32軍司令部壕。資料が明かす戦争加害の実態。

化学物質過敏症とは何か
渡井健太郎　1221-I
アレルギーや喘息と誤診され、過剰治療や放置されがちな〝ナゾの病〟の正しい理解と治療法を医師が解説。

限界突破の哲学　なぜ日本武道は世界で愛されるのか？
アレキサンダー・ベネット　1222-C
剣道七段、なぎなたなど各種武道を修行した著者が体力と年齢の壁を超える「身体と心の作法」を綴る。

教養の鍛錬　日本の名著を読みなおす
石井洋二郎　1223-C
『善の研究』や『君たちはどう生きるか』など「読んだふり」にしがちな教養書六冊を東大教授が再読する。

秘密資料で読み解く　激動の韓国政治史
永野慎一郎　1224-D
金大中拉致や朴正熙大統領暗殺、大韓航空機爆破事件、ラングーン事件など民主化を勝ち取るまでの戦いとは。

贖罪　殺人は償えるのか
藤井誠二　1225-B
己の罪と向き合う長期受刑者との文通から「償い」「謝罪」「反省」「更生」「贖罪」とは何かを考えた記録。

ハマスの実像
川上泰徳　1226-A
日本ではテロ組織というイメージがあるハマス。本当はどんな組織なのか、中東ジャーナリストが解説。

日韓の未来図　文化への熱狂と外交の溝
小針　進／大貫智子　1227-B
韓国文化好きが増えれば、隣国関係は改善するのか。文化と政治という側面から日韓関係の未来を追う。

落語の人、春風亭一之輔　〈ノンフィクション〉
中村　計　1228-N
希代の落語家へのインタビューの果てに見えたものとは。落語と人間がわかるノンフィクション。

ナチズム前夜　ワイマル共和国と政治的暴力
原田昌博　1229-D
ワイマル共和国という民主主義国家からなぜ独裁体制が生まれたのか。豊富な史料からその実態が明らかに。